U0923316

有效动作论

——中证万融有效动作录

（2015版）

赵炳贤 著

中国经济出版社
CHINA ECONOMIC PUBLISHING HOUSE
北 京

图书在版编目（CIP）数据

有效动作论：中证万融有效动作录：2015 版/赵炳贤著.

北京：中国经济出版社，2015. 1

ISBN 978 - 7 - 5136 - 3710 - 7

Ⅰ. ①有… Ⅱ. ①赵… Ⅲ. ①投资公司—企业管理—经验—北京市 Ⅳ. ①F832. 39

中国版本图书馆 CIP 数据核字（2015）第 017933 号

责任编辑 黄 静 李亚婷

责任审读 贺 静

责任印制 马小宾

封面设计 华子图文

出版发行 中国经济出版社

印 刷 者 北京科信印刷有限公司

经 销 者 各地新华书店

开 本 880mm × 1230mm 1/32

印 张 8

字 数 102 千字

版 次 2015 年 1 月第 1 版

印 次 2015 年 1 月第 1 次

定 价 28. 80 元

广告经营许可证 京西工商广字第 8179 号

中国经济出版社 **网址** www. economyph. com **社址** 北京市西城区百万庄北街 3 号 **邮编** 100037

本版图书如存在印装质量问题，请与本社发行中心联系调换（联系电话：010 - 68330607）

目　录

公理、定理与公式

——2015 版前言

从 2009 年 4 月 7 日第一次给《沃华人》报写《先人后事》一文开始，几乎每月一篇，到 2014 年 12 月 7 日已坚持了五年零九个月，共写了 69 篇，10 多万字。2009、2010、2011 年主要是公理类文章，例如《1 号领导：核心使命》、《2 号领导：核心价值观》等。2012、2013 年主要是定理类文章，例如《论公司、营销平台核心战略》、《总服会、财服会与经服会》等，当然也有公式类文章，例如《总抓手：三要素四循环》等。2014 年就主要是公式类文章了，例如《论依法治企》、《论并购三大纪律》等。当然，万变不离其宗，公理是永恒不变、无需证明、公认正确的常识和规律，是"宗"。定理是从公理“变”出来的，是长期不变、需要证明正确的规律。公式是为解决具体问题，从公理和定理“变”出来的，是解决某一个或某一类问题的正确方法。

社会主义核心价值观由 24 字组成，国家层面的 8 个字是：富强、民主、文明、和谐；社会层面的 8 个字是：自由、平等、公正、法制；个人层面的 8 个字是：爱国、敬业、诚信、友善。如果用本书的理念和思维框架来分析，“自由、平等、公正、法制”是超越国家自身利益之上的永恒不变的最高追求，是组织存在的根本目的，是核心使命，是公理。“爱国、敬业、诚信、友善”是国家所有人必须遵循的永恒不变的动作准则，是核心价值观，也是公理。“富强、民主、文明、和谐”是国家长期不变的战略目标，是核心战略，从公理推导出来，是定理。宪法是国家长期不变的根本大法，是治理守则，从公理推导出来，也是定理。从公理、定理推导出来的国家的法律、法规等就是公式了。

公理的选择、定理的发明和公式的发现，环环相扣，层层递进，相互依托，缺一不可。公理的选择是方向、是根本，关系到长远和全局。定理、公式可以在践行公理的动作中去不断发明、发现和优化。践行公理的高效动作越来越多，践行公理的业绩就会随之越来越好。在2011年8月27日归纳出的“中证万融288字”中的最后10个字是业绩公式，即，业绩=（公理+定理+公式）×动作。这个公式说明，符合公理的定理、公式越正确越深入，对业绩提升就越有利；但是，即使公理、定理、公式再对再好，若没有有效动作匹配，业绩就会小于等于零。其实，就是为了强调动作特别是有效动作的极端重要性，本书才取名为《有效动作论》。中证万融于2009年9月高价收购了销售收入数百万元、利润为负、税收为零、发不出工资、濒临破产的西安世纪盛康药业有限公司，随后又在2010年和2011年收购了贵州长生药业有限责任公司、辽宁康辰药业有限公司、南昌济顺制药有限公司、通化卫京药业股份有限公司、云南腾药制药股份有限公司。运用本书的理念分别经过了3到5年的经营，六家药厂的合计销售收入由收购前的不到1.9亿，到2014年12月31日已到22亿，增长逾1058%。若算上2002年2月收购、2007年1月A股上市的沃华医药（SZ.002107），7家药厂合计销售收入已逾25亿。这恐怕算是多年来执著甚至是偏执地坚持把公理、定理与公式变动作、动作变业绩的一点小小的业绩吧！

本书2015版将副书名“中证万融有效动作时习录”改为“中证万融有效动作录”，去掉“时习”二字。每月一篇的文章都是对中证万融当月经营管理中种种挑战的一种思考和感悟，实际上就是中证万融有效动作录。每篇文章虽然字数不多，但都是经过至少一个月的深思熟虑的。从思考变文字是非常艰苦的写作过程，每篇都要修改几十遍甚至上百遍。但这个过程非常必要，对心态起到了净化和升华作用，对智力起到了磨砺和提高作用。最后，再次感谢中证万融600多位经理们，大家每周有效动作录的“真实记录”，包括把践行中证万融有效动作录的一些结果每周及时反馈，激发了我一篇一篇写下去的决心和灵感，也才有了目前大家看到的2015版的69篇文章。

赵炳贤

2015年1月7日

理念、习惯与文化

——2013 版前言

本书 2013 版保留了 2012 版全部 47 篇文章，对其中 2 篇做了 3 处重要改动。“中证万融 288 字”中公式一和公式二对调，并对公司、营销平台核心战略改进优化。《2012 年十大动作》中的“四网”部分全部删除。2013 版比 2012 版多了 11 篇文章，从 47 篇增加到 58 篇。其中，《理想、信念与利益》是 2012 版前言，减去这一篇，实际上新增 10 篇。《论公司、营销平台核心战略》不但改进优化了 2012 版核心战略五条内容，而且对每一条做了详细解释。《为什么要“确保依法经营”》、《为什么要“信誉和业绩记录”》、《为什么要“独家产品线”》、《为什么要“护城河”》、《为什么要“表录群会”》等5 篇文章对核心战略每一条的重点又分别做了深度分析。《核心理念、核心战略与考核奖惩》、《理念模子、动作技能与卓越业绩》等2篇文章进一步明确了理念、动作、业绩与考核、奖惩的关系。《总服会、财服会与经服会》详细论述了集团、公司、营销平台制度化、透明化、团队化的决策机制。《总抓手：三要素四循环》最实用，只要把“循环”进行到底，卓越业绩必然随之而来。

一、3处重要改动的依据

本书的首篇文章是“先人后事”，但在“中证万融288字”中公式一是收购公式，公式二是选人公式，这是典型的“先事后人”，违反了本书理念，是个错误动作，2013版改为公式一是选人公式，公式二是收购公式。“中证万融288字”附录中的集团所属各公司、营销平台核心战略，2012版既不易动作，也不易考核，是个低效动作，2013版有了较大改进优化，应该是个高效动作。《2012年十大动作》中关于“四网”的部分，属于叠床架屋、多此一举，把简单问题复杂化，违反了定理二治理守则中的“公司实行统一精简的‘三部一厂一中心’的组织结构”，是个错误动作，2013版此部分全部删除。将“四网”的工作纳入到现有组织结构中，由总服会、财服会与经服会直接负责，既可以保持组织结构的精简稳定，又可以把“四网”的工作做得更好，何乐而不为呢！

二、11 篇新增文章的要点

11 篇新增文章的要点可以概括为 12 个字：“确立标准、全部透明、循环到底”。“确立标准”是指本书理念及衍生制度作为决策、考核和奖惩的是非标准，要在动作中不断优化和确立，2013 版是对 2012 版的优化和确立。“全部透明”是指中证万融要以“表录群会”为工具，99% 的事都要即时公开透明，剩下 1% 的商业机密也要在以后适时公开透明。“循环到底”是指以“三要素四循环”为“总抓手”，把以理念制度为是非标准做出的所有决策，公开透明地每周“循环”跟踪检讨落实，要把“循环”进行到底，不实现满意业绩绝不罢休！

三、感悟理念、习惯与文化

理念的核心或“根”是公理或公义，公理或公义是无需证明、永恒不变、公认正确的常识和规律。简而言之，公理是公认正确的道理，公义是公认正确的正义。例如，“两点之间直线最短”，“人人生而平等”，“为人类健康创造卓越价值”，“顾客第一 服务他人 诚信 创新”，都是公理或公义。符合公理或公义的理念才有价值，但若不长期、一贯、一致地重复动作并养成习惯，即使我们的理念再有价值，也是没用的。“飞轮效应”的惯性就是习惯，习惯的力量巨大，改变习惯极难。理念仅仅说在嘴上、写在纸上、挂在墙上是“空谈”，只有成为动作习惯才是“实干”。文化和理念不同，文化是指已经成为动作习惯的理念。卓越文化是指已经成为高效动作习惯的理念，是“实干”的积淀而不是“空谈”的堆积！

在内容上，2013 版比 2012 版多了 11 篇文章，并做了 3 处重要改动。书的形式要匹配内容，也要服务内容。2013 版比 2012 版书长增加了，今后每年随着内容的增加，书长或书宽也会随之增加，有利于不同版本的对比、区分和阅读。最后，我要再次感谢中证万融的 550 多位经理们，因为他们每周“有效动作录”的“真实记录”，我才有了源源不断的写作灵感，也才有了 2013 版的 58 篇文章。

赵炳贤

2013 年 12 月 8 日

理想、信念与利益

——2012版前言

这本书主要收集了2009年4月7日到2012年12月7日我在每月出版的企业内刊《沃华人》上发表的43篇短文，另外还选入了“中证万融288字”、《2012年十大动作》、《XX公司年会十大教训》及司歌《中证万融等着你》4篇我总结的中证万融内部动作指引。全书47篇短文中除了首篇“中证万融288字”和尾篇司歌《中证万融等着你》外，其他45篇短文均按发表的时间先后排序，比较准确地反映了我在发表时对理念、动作、业绩及三者关系的真实认知水平。前面的短文偏重对理念的认知，还没有想到“有效动作”四个字；中间的短文开始对“动作”、“有效动作”及和理念的逻辑关系有了一些感悟；也许是每月写一篇短文这个动作3年多的重复，触发了创新的灵感，到了后面的短文，“有效动作”、“四类动作”才逐步有了清晰的标准，初步建立了“理念—动作—业绩”逻辑体系，创造了有效动作“表录群会”四个基本工具。而且，时间越靠后，文字越成熟，内容越具体，例如：《“时习”：“有效动作表”》、《“时习”：“有效动作录”》、《“时习”：“有效动作群”》、《“时习”：“有效动作会”》4篇排在后面的短文都很具体实用，可以精读。有效动作“表录群会”在中证万融已经得到了比较广泛的应用，带来了越来越多的业绩，他们分别是中证万融人的思维范式、真实记录、每时每刻“直通车”、每年每月“嘉年华”。紧随这4篇短文之后的《论“三要素四循环”》更具体实用，值得尝试。全书47篇短文形式上各自独立，内容上逐步深入、相互依托、篇篇相扣，单独使用任何一篇的理念，效果都是有限的，循序渐进地全面使用这些理念，才能更快更好地提升有效动作、创造卓越业绩！

我是一个理想主义者，我也以本书的理念为标准，挑选了一批有共同理想的杰出人才。我们在选人用人上宁缺毋滥，坚决不选不用没有理想、唯利是图的人，中证万融是一个由有共同理想的人组成的有理想的团队！

理念，顾名思义，等于理想加信念，理想就是使命，信念就是价值，价值也可称价值观，所以，理念又等于使命加价值。中证万融使命的核心是“为人类健康创造卓越价值”11 个字，简称核心使命；中证万融价值的核心是“顾客第一 服务他人 诚信 创新”12 个字，简称核心价值；核心使命加核心价值就是核心理念。理念，显而易见，还等于核心理念加非核心理念，非核心理念是从核心理念推导出来的、是核心理念的“孩子”、是核心理念衍生品。书中除了 23 个字核心理念以外的文字都是这 23 个字的衍生品，这 23 个字是公理，是无需证明、永恒不变、公认正确的。核心理念衍生品，即战略、守则、制度、法律、规则、流程等，是定理、公式，是要不断优化、深化、细化的，是需要业绩证明的。在中证万融，理念的权威绝对大于任何人的权威，包括我；也绝对大于任何利益，包括利润。这意味着，不论有多大利益的诱惑，也不论有多大危险的胁迫，都丝毫不能动摇我们对理念的不惜任何代价的坚决捍卫！没有理念的利益是暂时的、不可持续的；坚守理念的利益才是长久的、可持续的。事实上，只要我们真正做到了在坚守理念上绝不妥协，我们就不会没有利润，而且我们做得越好，利润就会越多！对中证万融而言，长期、一贯、一致地坚决贯彻这些理念，是我们存在的根本目的，利润只是随之而来的副产品而已！

每月给《沃华人》写一篇短文是个很辛苦的动作，这些文字为大家带来了业绩，就证明是个有效动作，我会长期重复下去。大家越做越好，我也会越写越好；同样，我越写越好，大家也会越做越好！每月1篇，每年12篇，10年120篇，20年240篇，30年360篇，40年480篇，50年600篇甚至更多。但《有效动作论》这个书名不会变了，我们把本书写的理念真正做到了，对我而言比卖多少书、赚多少钱都重要！

本书仅供中证万融同仁和朋友们参考使用，希望没有浪费大家的宝贵时间，如果能对大家提升有效动作、创造卓越业绩、打造百年企业有所帮助，自己也就“不亦说乎”了！最后，我要感谢中证万融的550多位经理们，因为他们每周“有效动作录”中的“真实记录”，我才有了源源不断的写作灵感，也才有了目前本书的47篇短文。

赵炳贤
2012年12月8日

名词解释

【核心使命】组织存在的根本目的，是超越于自身利益之上的永恒不变的最高追求。

【核心价值】服务核心使命，是组织所有人必须遵循的永恒不变的动作准则。

【核心战略】服务核心使命与核心价值，选择长期不变地做什么不做什么，是组织必须集中所有资源不断强化自己的有效模式。

【治理守则】服务核心使命与核心价值，匹配核心战略，是组织治理必须遵守的长期不变的原则。

【公理】＝核心使命＋核心价值，公理是无需证明、永恒不变、公认正确的常识和规律。

【定理】=核心战略+治理守则，定理不是公认正确、需要证明，通过公理推导出来、长期不变、可以优化。

【公式】=制度=法律=规则=流程，公式是公理、定理的衍生品，通过公理、定理推导出来，将公理、定理更加具体化，中期不变、可以优化。

【三核心一治理】=核心使命+核心价值+核心战略+治理守则=公理+定理

【核心理念】=公理=核心使命+核心价值

【非核心理念】=核心理念衍生品=定理+公式

【理念】=核心理念+非核心理念=公理+定理+公式="三核心一治理"+公式=核心使命+核心价值+核心战略+治理守则+制度

【均值】是同一岗位所有人在同一动作上所产生业绩的平均值。

【错误动作】不符合理念，即使业绩 > 0 也不能做。

【无效动作】符合理念，业绩≤0 。

【低效动作】符合理念，0 < 业绩≤均值 。

【高效动作】符合理念，业绩 > 均值。

【有效动作】=低效动作+高效动作

【四类动作】=错误动作+无效动作+低效动作+高效动作

【有效动作表】是提升有效动作、创造卓越业绩的四个基本工具之一，“表”是关于“四类动作”的思维范式。

【有效动作录】是提升有效动作、创造卓越业绩的四个基本工具之一，“录”是关于“四类动作”的真实记录。

【有效动作群】是提升有效动作、创造卓越业绩的四个基本工具之一，“群”是关于“四类动作”的每时每刻“直通车”。

【有效动作会】是提升有效动作、创造卓越业绩的四个基本工具之一，“会”是关于“四类动作”的每年每月“嘉年华”。

中证万融 288 字

公理一	核心使命	为人类健康创造卓越价值	永恒不变 23 字
公理二	核心价值	顾客第一　服务他人　诚信　创新	
定理一	核心战略※	依托中证万融二十年来积累的深厚资本运营优势 吸引有杰出信誉和业绩记录的经营管理人才 投资拥有独家产品的医药企业 敬重合作企业的团队和品牌 破解股票上市和销售收入两大难题 为顾客、员工和股东创造卓越价值	长期不变 可以优化 218 字
定理二	治理守则	集团和公司分别负责资本运营和产品经营 集团总裁全面负责资本运营日常工作 公司总经理全面负责产品经营日常工作 集团财务总监和公司总经理对公司重大财务事项实施“双重领导” 集团六服务中心为公司对口重大事项提供专业服务与指导 公司实行统一精简的“三部一厂一中心”的组织结构	
公式一	选人公式	选人＝（信誉记录＋业绩记录）^{N年}	中期不变 可以优化 47 字
公式二	收购公式	收购＝（独家产品＋合理价格）×一致性	
动作一	通用有效动作	认错　赞美　服务　重复	
动作二	有效动作工具	表　录　群　会	
业绩	＝	（公理＋定理＋公式）×动作	

2011 年 8 月 27 日

※集团所属各公司、营销平台核心战略：

一、长期、一贯、一致践行《有效动作论》，人人熟练使用表录群会，人人公开透明四类动作，人人积累重复高效动作，创造可持续卓越业绩。

二、先人后事，吸引、服务和成就有杰出信誉和业绩记录的人，建设高效动作团队。

三、依托公司（营销平台）现有独家产品成功研发生产（营销）所形成的知识产权（规模优势）和独特资源，研发和收购（搭载和做大）越来越多相关独家产品，构筑无以伦比独家产品线。

四、确保依法经营，确保资产安全，确保产品质量（医患满意），确保资格价格，确保政府支持，确保成本优势（独家产品定价权）。

五、边发展，边规范，资源共享，协同增效，在不断加宽加深“护城河”的前提下，追求利润最大化（确定费用下销售收入最大化），打造独家产品所属治疗领域第一品牌。

先人后事

“先人后事”就是让合适的人上车，请不合适的人下车，安排合适的人坐在合适的位置上，这是领导者的首要职责，也是对员工的人生负责。不要让人家为了挣点钱，做自己不喜欢、没乐趣、没成就感的工作，这是对生命的最大折磨和浪费。

繁琐的审批、没用的规定及领导花很多时间做下属应该做好的事情，是因为选人用人不当，是因为我们没有真正落实“先人后事”。如果选择合适的人做合适的事情了，根本没必要这么多繁琐的审批，也不需要这么多没用的规定，更不需要领导做很多放手给团队就能做好的事，否则，就是严重的官僚主义。完全可以信任人，充分授权给合适的人，让合适的人在合适的位置上放手大胆去干！

2009 年 4 月 7 日

第 5 级经理人

吉姆·柯林斯的《从优秀到卓越》自 2002 年出版以来，读了数十遍，受益匪浅，就像他的《基业长青》一样，是那种值得经理人在若干年内一读再读的极为罕见的好书。在本书中，柯林斯将经理人划分为 5 个等级，而第 5 级经理人就是其中最高一级（5 级经理人体系图）。

第 5 级经理人身上混合了极端谦逊的性格和不惜一切使公司走向卓越的坚定意志。第 5 级经理人不是没有自我或自身利益，实际上他们个个胸怀大志——但他们的雄心壮志都是将公司利益放在第一位，而不是首先考虑自己的利益。第 5 级经理人被创造业绩的渴望所驱动所感染，只要能使公司走向卓越，他们会牺牲自身利益，

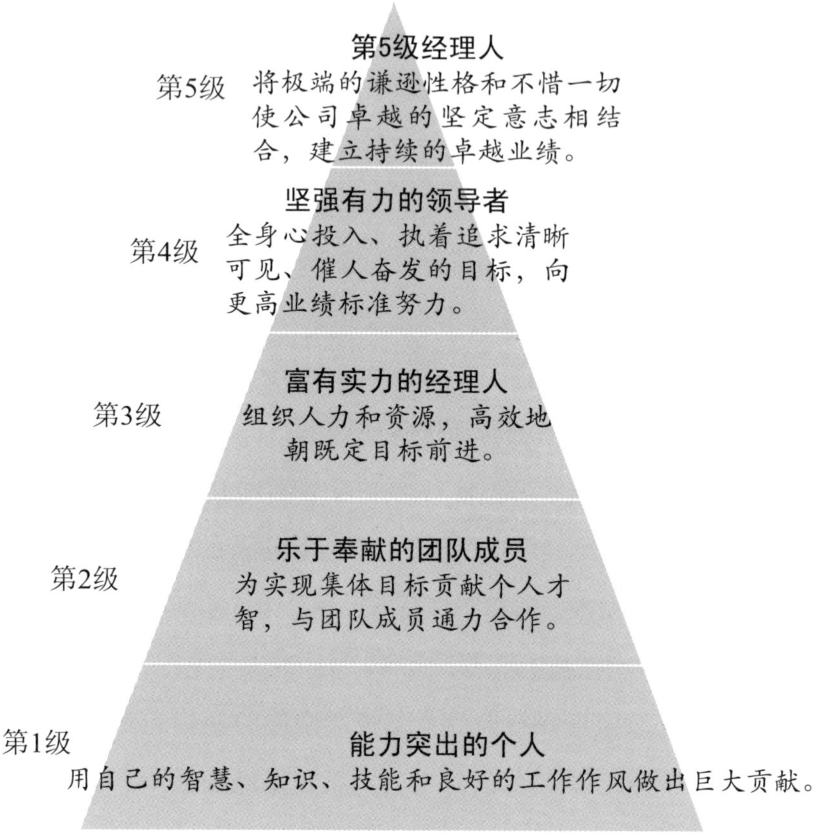

第5级 **第5级经理人**
将极端的谦逊性格和不惜一切使公司卓越的坚定意志相结合，建立持续的卓越业绩。

第4级 **坚强有力的领导者**
全身心投入、执着追求清晰可见、催人奋发的目标，向更高业绩标准努力。

第3级 **富有实力的经理人**
组织人力和资源，高效地朝既定目标前进。

第2级 **乐于奉献的团队成员**
为实现集体目标贡献个人才智，与团队成员通力合作。

第1级 **能力突出的个人**
用自己的智慧、知识、技能和良好的工作作风做出巨大贡献。

5 级经理人体系图

包括解雇自己的兄弟；但他们会花极大的精力培养有潜质的下属，为公司以后取得更大的成功做好铺垫。在一切顺利的时候，他们把功劳归功于他人、外因和好运；当业绩不佳时，他们自己承担责任，而不是埋怨他人、归咎于外因或运气不好。

让我们共同努力，做第5级经理人！

2009年5月7日

刺猬与狐狸

狐狸在小路的岔口不动声色地等待着。刺猬只想着自己的事情，一不留神转到狐狸所在的小道上。“我抓住你啦！”狐狸暗自想着。他向前扑去，跳过路面，如闪电般迅速。刺猬意识到了危险，抬起头，想着：“我们真是冤家路窄，又碰上了，难道就不能吸取教训吗?”于是立刻蜷缩成一个圆球，浑身的尖刺，指向四面八方。狐狸正向他的猎物扑过去，看见了刺猬的防御工事，只好停止了进攻。撤回森林后，狐狸开始策划新一轮的进攻。刺猬和狐狸之间的这种战斗每天都以某种方式发生，尽管狐狸比刺猬聪明，刺猬却总是屡战屡胜！

狐狸知道很多事情，很有谋略和技巧，也非常勤奋和主动，却屡战屡败！因为狐狸的思维是分散的、不集中的、不连贯的。而刺猬只知道一件大事，长期、一贯、一致地培育自己无以伦比的“刺”，却屡战屡胜！因为刺猬能够把复杂世界简化为一个非常简单的核心理念，发挥统领全局的作用。刺猬绝不是傻瓜，他拥有穿透性的洞察力，集中所有资源不断强化自己行之有效的基本模式，即核心理念。同时彻底放弃与此无关的所有事项，不浪费任何资源。其实世界上长期保持卓越的人和公司都是刺猬而不是狐狸！

2009 年 6 月 7 日

感悟自己无以伦比的“刺”

我们知道，刺猬屡战屡胜狐狸用的是他无以伦比的“刺”。大家可以尝试应用“刺猬三环图”感悟自己无以伦比的“刺”：（1）你能够在什么方面成为世界上最优秀的？同样重要的是，你不能在什么方面成为世界上最优秀的？这个富有洞察力的标准远远超越了核心竞争力。仅仅拥有一项核心竞争力，绝不意味着你能成为世界上最好的。（2）是什么驱动你的经济引擎？所有实现卓越的公司都拥有穿透性的洞察力，对如何最有效地创造持久、强劲的现金流和利润率了如指掌。（3）你对什么充满激情？实现卓越的公司对引发他们激情的动作全力以赴。这里的问题不是刺激激情，而是发现什么使你激情洋溢？

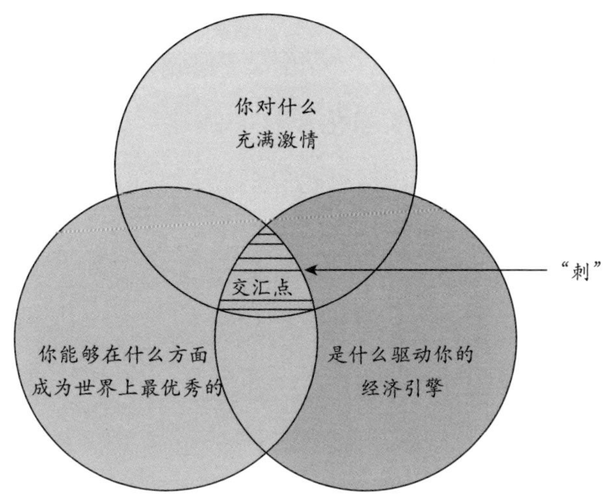

刺猬三环图

对中证万融而言，(1) 经过若干年努力也许能成为中药领域数一数二的企业，只有中药，中国数一数二就是世界数一数二。(2) 世界上极少有中药这样长产品生命周期的特殊商品，尤其是独家中药产品上市后还有国家批准的至少两个 7 年的保护期，我们要不断研发、购买独家中药产品，同时还要不断收购拥有独家中药产品的优秀企业，这是我们最强劲的经济引擎。(3) 中药是中华民族瑰宝，创建一家世界数一数二的中药企业的理想怎能不让我们激情洋溢？只有不断深化对这三方面“交汇点”也就是“刺”的理解，才能应用“刺猬三环图”形成简单而清晰的“感悟”，“感悟”就是“核心战略”，“刺”就是不断强化“核心战略”取得的卓越业绩。也许这就是我们需要疯狂坚持寻找和培养的中证万融无以伦比的“刺”！

2009 年 7 月 7 日

勇敢面对残酷事实

对于管理者而言，没有什么比粉饰太平、自我陶醉、不能勇敢面对自己犯的错误、甚至掩盖事实真相这个残酷事实，更令人不可饶恕了。

要求大家对我们公司的管理者不要称“总”，要直呼其名，包括对我，也要如此，暂时不习惯也可叫 701，目的是为了创造一个平等氛围，让我们的员工敢说话、说真话，使真理被迅速接受，残酷事实被勇敢面对。其实仅仅靠直呼其名是远远不够的，有三个动作，可以帮助我们使残酷事实不被掩盖：（1）管理者应多虚心倾听、提问，少给答案，不夸夸其谈；（2）管理者应多平等讨论、争论，少用强制，不炫耀自己；（3）管理者应养成做实实在在的事后分析的习惯，只对事不对人，切忌指责人。

管理者的个人魅力可能是一种财富，也可能是一种累赘。一旦有人向你隐瞒残酷事实，你的这种个性就会是一系列错误的罪魁祸首。强烈的个性可使最坏的消息不以最坏、甚至以最好的形式传到管理者耳中。虽然，了解最新的、没有修饰过的残酷事实在实际工作中是非常困难的，但企业长期持续发展需要的不是“美好的梦境”，而是“事实真相”，“残酷事实胜于任何美梦”！

2009 年 8 月 7 日

“飞轮效应”给我们的启示

想象一个又大又重的飞轮——一个直径为 10 米、厚 1 米、重 2 吨的巨大金属圆盘水平地安装在轴上。现在设想一下，你的任务是让飞轮在轴上旋转，速度要尽可能地快，时间要尽可能地长。

你使足了劲才可能推飞轮前进一寸，这种运动在开始时不易被人察觉到。你继续推，不间断地推，2 到 3 小时后你会发现你的飞轮已经转完一整圈了。

你继续推，飞轮开始转快了。你不停地努力，飞轮又会转完第 2 圈。你继续沿着同一方向推，3 圈、4 圈、5 圈、6 圈……飞轮加快速度……7 圈、8 圈……你接着推……9 圈、10 圈……飞轮有了动能……11 圈、12

圈……每圈加快……20 圈……30 圈……50 圈……100 圈。

然后就到达了一个点——那就是突破点！这种积累起来的动能对你来说是有利的，它用力向前推飞轮，一圈又一圈……嗖嗖，飞快地转动！……就连飞轮自身的重量也在帮你推。虽然你花的力气和第一圈一样大，但是飞轮越转越快。飞轮的每一圈转动都建立在前面动能的基础之上，当然也掺杂着你的努力。飞轮转动的速度快了 1000 倍，接着 10000 倍，再接着 100000 倍！这个又大又重的圆盘以永不停息的动能向前飞转着……

这时，设想一下如果有一个人走过来问你："推动飞轮快速转动的成功因素是什么？"你无法回答这个问题，因为它太荒谬了。是第 1 下吗？是第 10 下吗？是第 50 下吗？是第 100 下吗？都不是。它是作用在同一个方向上的作用力的总和。一些推动力可能作用更大些，但是任何一个单独的力量——无论它有多大——都是作用在飞轮上合力中的一小部分。

"飞轮效应"形象描述了从一般公司向卓越公司转变过程中的全部感悟。不论最后的结果多么富有戏剧性，这种转变绝不是一个突然的运动。这中间没有单一的起决定作用的动作，没有天才的决策，没有一了百了的创新，没有幸运的突变，也没有剧烈的变革。从一般公司向卓越公司的突破，是一个信仰并践行核心理念的团队长期团结奋斗积累的过程——每个同仁都遵循核心理念向一个方向推动飞轮的过程，一个决策接着一个决策，一个动作接着一个动作，飞轮一圈接着一圈的转动——它们的总和就产生了持续而又壮观的业绩！

2009 年 9 月 7 日

为什么执著推荐《从优秀到卓越》

从《沃华人》第 81 期到第 86 期，每一期我都在推荐《从优秀到卓越》。每期的题目至今还记忆犹新，分别是《先人后事》、《第 5 级经理人》、《刺猬与狐狸》、《感悟自己无以伦比的“刺”》、《勇敢面对残酷事实》及《“飞轮效应”给我们的启示》。

如此执著地向大家推荐一本书，在我的人生经历中也是极为少有的。原因有三：第一，实证：这本书是作者柯林斯和他的研究小组历时 5 年收集了 28 家公司过去 50 年的几乎所有的数据、文章和访谈，得出了如何让公司从业绩平平到卓越的令人惊异而振奋的答案，是实证，而不是空洞的说教。第二，简单：我们知道只有把复杂问题简单化，才能使团队最有效地贯彻执行。柯林斯通过实证的方法得出的答案非常简单，几乎没有许多管理书中常见的故意炫耀的“复杂”。例如，走向卓越的公司都是“先人后事”的，换句话说，选择最合适的人是第一重要的事，如果没有选到最合适的人，投入再多的资源也是徒劳的，非常地简单。真正理解了，也非常地容易执行。第三，有效：多年来我一直仔细观察研究我所熟悉的一些卓越公司的 CEO 们，发现他们之所以在数十年的时间里保持卓越，一个最大的共同点就是长期彻底地贯彻了“先人后事”、“第 5 级经理人”、“勇敢面对残酷事实”等书中提到的走向卓越的规律。当然，有的人是天生就有这样的悟性，有的人是在后天实践中悟到的，有的人是从《从优秀到卓越》这本书里学来的。总之，我认为这本书所给的答案，对中证万融走向卓越一定同样有效！

2009 年 10 月 7 日

我们崇拜谁

著名的制药巨头默克公司创立100周年时出版了一本书，名叫《价值观与梦想：默克百年》。书名根本没提默克是干什么的，更没提默克百年创造的伟大业绩，反而强调自己在100年历史里是由一样的核心使命和核心价值观指引和激励的公司。默克每一任CEO都不厌其烦地反复说："我们要始终牢记药品旨在救人，不在求利，但利润会随之而来。如果我们记住这一点，就绝对不会没有利润；我们记得越清楚，利润就越大。"

事实上，默克能够基业长青的根本原因在于长期、一贯、一致地贯彻落实公司百年从没改变过的核心理念，即核心使命加核心价值观。核心使命是公司在利润之上的永恒不变的最高理想和追求，是比赚钱更重要的目的，也是公司存在的根本原因；核心价值观是公司长盛不衰的根本信念和动作准则，永恒不变，不会为了任何利益而改变。默克100年来持续地对员工灌输同一核心理念，创造出了极其强而有力、教义般环绕核心理念的文化即动作、习惯。

中证万融的核心使命是“为人类健康创造卓越价值”；核心价值观是“顾客第一 服务他人 诚信 创新”。我们要崇拜的不是董事长，而是核心理念；我们要崇拜的是长期、一贯、一致地贯彻落实核心理念的中证万融人！

2009年11月7日

我们重用谁

在两个多月里，中证万融成功收购了两家企业。而收购是市场经济中最复杂的交易，是最复杂的“事”。能在这么短的时间里取得如此业绩，原因在于彻底执行了我们的“先人后事”的动作次序。也就是首先下大功夫选择到最合适管这个“事”的负责“人”，然后充分信任并授权这个“人”去做这个“事”，就能够用很小功夫把“事”做得非常漂亮！可以说，重用谁极为重要，决定“事”业成败，花多大功夫都值！为了选对“人”，我们不妨把人分成四种：（一）有长期、一贯、一致地贯彻落实核心理念信誉记录（简称有理念），又有杰出业绩记录（简称有业绩）；（二）有理念，无业绩；（三）无理念，有业绩；（四）无理念，无业绩。显而易见，第四种人是我们必须尽快友好劝退的，否则，误人也误公司；第三种人是我们要在核心理念方面下大功夫培训的，而且要定期考核；第二种人则是我们要在动作技能方面下大功夫培训的，当然也要定期考核；第一种人也就是既有长期、一贯、一致地贯彻落实核心理念信誉记录，又有杰出业绩记录的"人"才是我们要选拔重用的，即使目前不是我们公司的，只要是第一种人，就要想方设法下大功夫请到我们公司来！

2009 年 12 月 7 日

核心理念是虚的吗

核心理念 = 核心使命 + 核心价值观。核心使命是企业存在的根本目的，是企业永恒不变的最高追求，是企业前进的方向。核心价值观是企业全体员工必须遵循的永恒不变的动作准则，是向核心使命指引的方向前进道路上的“交通规则”。中证万融人共享同样的核心理念，那就是“为人类健康创造卓越价值”的核心使命和“顾客第一 服务他人 诚信 创新”的核心价值观。从短期和表面上看，企业存在的根本目的是利润；从长远和根本上看，企业存在的根本目的是核心使命。只要我们能够长期、一贯、一致地践行核心理念，我们的顾客和社会大众就不会亏待我们，换句话说，我们就绝不会没有利润；而且，我们践行的越好，我们的顾客和社会大众就会越喜欢我们，我们的利润自然就会越多。

核心理念是永恒不变的，是企业基业长青的根本保证。员工的动作必须坚决地控制在核心理念所允许的方向和边界内，对于员工任何违反核心理念的错误必须严惩。与此同时，也必须坚决地给予员工最充分的动作自主权，允许员工在核心理念范围内犯动作上的错误。只有对核心理念最坚定的践行，才有对动作最充分的授权。核心理念绝不是虚的，而是充分信任和授权的前提，是吸引和成就杰出人才的基石！

只要中证万融人长期、一贯、一致地践行我们永恒不变的核心理念，就一定能够创造中证万融的美好未来！

2010 年 1 月 7 日

道不同，不相为谋

先秦·孔子《论语·卫灵公》：“道不同，不相为谋”，意思是走着不同道路的人，就不能在一起谋事；比喻理念不同的人就无法共事。东汉时，管宁与华歆二人为同窗好友。有一天，二人同在园中锄草，发现地里有块金子，管宁对金子视如瓦片，挥锄不止，而华歆则拾起金子放在一旁。又一次，两人同席读书，有达官显贵乘车路过，管宁不受干扰，读书如故，而华歆却出门观看，羡慕不已。管宁见华歆与自己并非真正志同道合的朋友，便割席分坐。自此以后，再也不以华歆为友。

中证万融的“道”就是“为人类健康创造卓越价值”的核心使命和“顾客第一 服务他人 诚信 创新”的

核心价值观。不相信、不喜欢、不践行这个“道”的人，最好的选择不是忍耐，而是马上改变自己或者立即离开这里。只有这样才能使自己快乐和成功，也才能使团队快乐和成功，这就是“道不同，不相为谋”给我们的启示！

2010 年 2 月 7 日

钓鱼为了吃鱼吗

观察北京的钓鱼爱好者，经常花一个周末时间垂钓人工养鱼池塘，钓到的鱼还必须要花比市场高许多的价钱买回家，那他们为什么还流连忘返、乐此不疲呢？为了吃鱼吗？不像，因为从菜市场上买鱼既省时又省钱。用心体会，才发现，钓鱼是乐趣，追求的是钓到鱼时的成就体验，吃鱼仅是副产品而已。

同样，我们每天努力工作，仅仅是为了钱吗？也不像，因为许多人即使一辈子不工作，钱也已经足够消费了。其实工作是人类最大的乐趣，追求的是实现越来越高目标时的越来越大的成就体验，随成就而来的越来越多的金钱也仅仅是副产品而已。

同理，中证万融的最大乐趣和成就体验也一定不是利润，而是追求实现“为人类健康创造卓越价值”的核心使命。只要我们真正做到了这一点，利润必然会随之而来，我们做得越好，利润就会越多。

在中证万融，落实“核心使命”必须做到两个“动作”：（一）我们必须研发和收购独家创新专利药，只有独一无二的好药，才能创造卓越治疗效果；（二）我们必须培养和吸引有杰出信誉和业绩记录的经营管理人才，只有专业互补的杰出人才组成的团队，才能用独家好药创造卓越治疗人数。

总之，中证万融人永恒不变的最高追求是“核心使命”，即卓越治疗效果和卓越治疗人数，而不是利润；就像北京的钓鱼爱好者钓鱼并不是为了吃鱼，而是为了乐趣和成就体验一样。

2010 年 3 月 7 日

“顾客第一”必须成为“动作”

核心价值观是实现核心使命永恒不变的动作准则。“顾客第一”是十二字核心价值观的第一句话，是我们动作和思考必须要时刻遵循的一个根本出发点：这么做或这么想会不会影响我们的顾客，顾客指患者、医生、政府等所有可能给公司提供现金流的人，他们是我们的“衣食父母”。

“顾客第一”说在嘴上、写在纸上、挂在墙上很容易，但远远不够，只有落实到动作上，让顾客深深地感觉到并心甘情愿地给我们的产品和服务支付回报，才证明我们的工作确实为顾客创造了价值，公司才能长期生存和发展。

最近，参加了“沃华人韩国行”活动，虽然对韩国人的核心价值观一无所知，但从我们所切身体验到的服务动作中，大家却深深地感受到了韩国人的核心价值观也许是“诚信、节俭、敬老、乐观……”。有一天，假如我们公司来了一个对我们一无所知的参观团，我们把嘴上说的、纸上写的、墙上挂的暂时藏起来，当参观团离开的时候，他们几乎异口同声地说从你们中证万融人的动作中，我们猜你们的核心价值观也许是“顾客第一服务他人 诚信 创新……”。

到那时，我们还有什么理由不能拥有随之而来的可持续的卓越业绩呢？

2010 年 4 月 7 日

“服务他人”必须成为“动作”

核心价值观是实现核心使命永恒不变的动作准则。“服务他人”是十二字核心价值观的第二句话，是我们和他人相处时动作和思考必须时刻遵循的一个根本原则：这么做或这么想能不能为他人创造价值和快乐，尤其是能不能为顾客、股东和我们的员工提供有价值的服务。

“服务他人”说在嘴上、写在纸上、挂在墙上很容易，但远远不够，只有落实到动作上，让他人深深地感觉到并且情不自禁地表示感激，才证明我们的动作确实为他人创造了价值和快乐，公司才能长期生存和发展。

最近，青海玉树发生了强烈地震，中证万融人自发向灾区捐现金和药品共计60万元，支援灾区同胞，体现了中证万融人对“服务他人”的真心信仰和积极践行。

在以往，中证万融人践行“服务他人”这个动作，让我们得到了今天的一点成绩。在为他人服务的同时，我们也收获了应有的奖励。当然，这些奖励并不是拥有“服务他人”的动机就能够带来的，而是我们将这个动机付诸于动作才换回来的。

在内部，我们的高管都叫服务员。我深信，杰出的管理者一定拥有“服务他人”的品质，他们最喜欢的动作一定是培养人才、提拔人才和成就人才。

事实上，只要我们拥有了杰出人才团队，还有什么理由不能拥有随之而来的可持续的卓越业绩呢?

2010 年 5 月 7 日

“诚信”必须成为“动作”

核心价值观是实现核心使命永恒不变的动作准则。“诚信”是十二字核心价值观的第三句话，是我们做人做事必须时刻遵循的一个根本要求：我们说的话是否是事实？我们说到做到了吗？

“诚信”说在嘴上、写在纸上、挂在墙上很容易，但远远不够，只有落实到动作上，让他人深深地感觉到并情不自禁地表示信赖，才能证明我们不但说出了事实真相，而且说到做到了。

我非常喜欢杰克·韦尔奇的自传《赢》，也曾经推荐给许多朋友。有意思的是他在第一、二章讲的都不是GE 的经营技巧，而分别是“使命和价值观”（第一章）、

"坦诚"（第二章）。他所说的"坦诚"就是指说出你看到的事实真相，而且要直截了当、开诚布公，绝不粉饰坏消息。只有这样，我们的公司才能化繁为简，大大降低"假话、大话、空话"带来的时间和精力上的巨大浪费；由于迅速掌握了真实信息，我们决策的准确度和动作的有效性一定会大大提高。

如果说"诚信"的第一个动作是"坦诚"或"说实话"，那么"诚信"的第二个动作就是"说到做到"。只要我们承诺的，不论有多难，不论吃多少亏，中证万融人都要做到；如果有万分之一可能做不到，我们都有责任事先把承诺值降低到一个确保绝对做到的水平；以前，如果在这方面犯过一些错误，必须立即彻底改正，我们以后绝不能再犯了。

"声誉"对我们每一个中证万融人都是最重要的，比赚钱和任何事情都重要得多！沃伦·巴菲特说"要赢得好的声誉需要 20 年的时间，而毁掉它，5 分钟足矣。如果你明白了这一点，你做起事来就会不同了。"多年来，这句话一直挂在我的办公室里最显著的位置。

只要我们真正做到了"说实话"和"说到做到"，

还有什么理由不能拥有随之而来的可持续的卓越业绩呢？

2010 年 6 月 7 日

“创新”必须成为“动作”

核心价值观是实现核心使命永恒不变的动作准则。“创新”是十二字核心价值观中的第四句话，是我们做好各项工作必须时刻使用的一个根本方法：今天我找到了解决问题的新方法了吗？这个新方法为我们降低了多大成本或提升了多少效率？

“创新”说在嘴上、写在纸上、挂在墙上很容易，但远远不够，只有落实到动作上，让他人深深地感觉到，并情不自禁地表示赞赏，才能证明我们不但能够用新方法解决问题，而且还降低了成本，提高了效率。

找出把事情做得更好的新方法，是将任何事情都能做成功的保证。这不需要有超人的智慧，重要的是要相信能把事情做成功，要有这种信念。当我们相信某一件事不可能做成功的时候，我们的大脑就会为我们找出各种做不到的理由。但是，当我们相信——真正地相信，某一件事确实可以做成功，我们的大脑就会帮我们找出各种新方法。

相信某一件事可以做成功，就会为我们创造新方法，将我们每个人内心深处隐藏的创造潜能发挥出来。相反，不相信事情能够做成功，就等于关闭了我们创造新方法的心智，不但会阻碍发挥创造潜能，同时还将毁灭我们的人生理想。

传统方法是创造新方法的头号敌人。要丢弃“不可行”、“办不到”、“没有用”、“那很蠢”等思想的渣滓。不要想：这通常是我做这件事的方法，所以在这里我还要用这种方法；而要想：有什么新方法能比我们惯用的方法做得更好吗？

最近，沃华医药将人力资源中心、董事会办公室、产品基地和研究院员工服务部吸收合并成人事行政部就是一个小小的“创新”案例，通过精简岗位、优化流程、公开竞聘、现场答辩等一系列“创新”动作，显著降低了部门运行成本，大大提高了人事行政工作效率，希望大家立即向他们学习，成为天天“创新”的中证万融人。

只要“创新”成为了中证万融人每天的习惯动作，还有什么理由不能拥有随之而来的可持续的卓越业绩呢？

2010 年 7 月 7 日

“动作”必须成为“业绩”

《沃华人》第 92 期我写了《钓鱼为了吃鱼吗》，讲的是实现“为人类健康创造卓越价值”核心使命的两个主要动作：收购独家药品和吸引杰出人才。第 93、94、95、96 期我又分别写了《“顾客第一”必须成为“动作”》、《“服务他人”必须成为“动作”》、《“诚信”必须成为“动作”》、《“创新”必须成为“动作”》，讲的是核心价值观的四句话必须成为“动作”。

这一期我的题目是《“动作”必须成为“业绩”》，是对前五期的一个小结。核心使命和核心价值观统称核心理念，不是为了说在嘴上、写在纸上、挂在墙上给别人宣传用的，而是我们内心深处的信仰，是必须落实到动作上的。如果只有对应“动作”，没有对应“业绩”，也只能说明我们还处于“落实”的初级阶段；只有落实到能创造“业绩”的“有效动作”上，才说明我们进入了“落实”的高级阶段。

例如：“诚信”的一个主要动作是“说实话”，说别人“过错”是“说实话”，说自己“不懂”、“过错”也是“说实话”，那么，说别人和说自己哪个动作对提高自己的业绩更有利呢？显然，在团队面前勇敢地说自己“不懂”、“过错”，对迅速彻底纠正自己的过错、尽快提升业绩是一个重要的“机制”。巴菲特每年都主动在公众面前检讨自己的过错，这是他能够持续成功长达半个多世纪的根本原因。洛克菲勒在给儿子的信中也反复强调“每一次说‘不懂’的机会，都会成为我们人生的转折点”。说自己“不懂”和“过错”能为自己创造“业绩”，是“有效动作”；而指责别人并不能为自己创造“业绩”，是“无效动作”。但是反过来，“赞美别人”、“感恩别人”是“有效动作”，既能帮助别人创造“业绩”，又能给自己创造“业绩”带来助力，何乐而不为呢？

沃华医药上半年巨亏 2075 万元，不是沃华人没有去落实核心理念，而是做了过多不能创造“业绩”的“无效动作”，处于“落实”的初级阶段。沃华人必须敢于在团队面前说出自己的“不懂”和“过错”，找到巨亏的真正原因，找准扭亏的“有效动作”，迅速进入“落实”的高级阶段，才能为自己创造卓越业绩。

2010 年 8 月 7 日

坦陈自己“过错”的三大好处

（致赵先生，美好祝愿——沃伦·巴菲特）

2007 年 10 月　中国·大连

“说实话”是落实核心价值观第三句话“诚信”的一个主要动作。坦陈别人“过错”是“说实话”，坦陈自己“过错”也是“说实话”；但对自己把“动作”转化成“业绩”而言，坦陈别人“过错”对自己毫无好处，是“无效动作”；而坦陈自己“过错”对自己至少有三大好处，是“有效动作”。

好处一：在团队面前坦陈自己“过错”，可以强迫自己正视自己的“过错”，一旦说出来就有足够压力持续改正自己的“过错”。如果不说出来，大部分人可能为了“面子”，掩饰“过错”，最终导致自己的“业绩”不能得到持续提升。巴菲特在每年的公司股东大会上都会主动坦陈自己的“过错”，极其聪明地为自己构建了一个不断改正自己“过错”的“纠错机制”，取得了长达半个世纪的越来越大的持续成功。

好处二：在团队面前坦陈自己“过错”，还可以强迫自己承认哪些方面是自己不擅长的，进而强迫自己把有限的时间和精力聚焦到自己最擅长的领域，只有这样才能使自己有可能在专业上达到数一数二的地位。巴菲特半个世纪来一直严格坚持只做自己“能力圈”内的事，也就是自己在世界范围内能做到数一数二的事，才取得了世界投资史上最伟大的“业绩”。

好处三：在团队面前坦陈自己“过错”，可以使别人在较短时间内对你有个真实的了解和更高的信任，从而一开始就能够主动分担你不擅长的事，积极地支持你专心做自己“能力圈”内的事，从而最大限度地发挥你的专长，帮助你创造卓越“业绩”。巴菲特和他的团队之所以半个世纪来不但非常成功，而且非常快乐，人人都能主动坦陈自己“过错”，积极支持每个人做自己最喜欢最专业的事是根本原因。

2010 年 9 月 7 日

批评：要对事不对人

上一期文章是《坦陈自己“过错”的三大好处》，虽然很多人都知道坦陈“过错”至少有三大好处，但在现实生活中，还是很少有人主动坦陈自己“过错”，例如，某同事没有完成业绩目标，你会听到他的很多理由，但往往没有一条理由是自己“过错”，几乎全部说成是别人或环境的“过错”，似乎自己做的都是对的。遇到这样的同事，我会很失望，心里也会想，他一定不如敢于主动坦陈自己“过错”的人业绩增长得更快、得到更多的喜欢和支持。

其实，要使更多人愿意主动坦陈自己“过错”，除了让大家切身体会到主动坦陈自己“过错”的种种好处之外，还要为大家创造一个“批评对事不对人”的环境，这也是我们十二字核心价值观第三句话“诚信”的题中应有之意。

首先，“批评对事不对人”对批评者有利，因为只有这样，被批评者才愿意主动坦陈自己“过错”，批评者才能真正了解事实真相，从被批评者“过错”中得到有用的经验教训，而且还不得罪被批评者。

其次，“批评对事不对人”对被批评者有利，因为这是对被批评者自己没认识到的“过错”的一种善意提醒，使被批评者更早更深地认识到自己没认识到的“过错”，这样就可以更快更好地改正自己的“过错”，实现自己业绩更快更大的增长；当然，批评者也一定能从被批评者的“过错”中吸取比别人更多的经验教训，可以使自己不犯或少犯同样的“过错”。反之，“批评对事又对人”对批评者和被批评者都是不利的！

2010 年 10 月 7 日

真诚赞美他人的三大好处

记得上期写了《批评：要对事不对人》，上上期写了《坦陈自己“过错”的三大好处》，如果说坦陈自己“过错”可以为自己和他人带来最大最多的好处的话，那么，真心、诚实地赞美他人的“优点”至少可以为自己和他人带来三个较大好处。

第一，真心、诚实地赞美他人“优点”，可以让他人深化对自己“优点”的认知，唤醒他人不断重复使用自己“优点”的潜意识，使“优点”更快更好地变成“有效动作”，“有效动作”的不断重复必然变成良好“习惯”，而良好“习惯”的惯性一定能为他人创造卓越业绩。

第二，真心、诚实地赞美他人“优点”，还可以强化自己对他人“优点”的认知，唤醒自己学习他人“优点”的潜意识，使他人“优点”更快更好地变成自己的“优点”、“有效动作”和良好“习惯”，从而为自己创造卓越业绩。

第三，真心、诚实地赞美他人“优点”一旦在团队内成为大家普遍喜欢的“动作”，就会使我们的团队拥有无以伦比的吸引力、凝聚力和战斗力，从而为团队和每个团队成员带来卓越业绩。

2010 年 11 月 7 日

赞美：要对事又对人

上期《真诚赞美他人的三大好处》，上上期《批评：要对事不对人》，上上上期《坦陈自己“过错”的三大好处》，如果说批评一定要对事不对人，那么，赞美一定要对事又对人。因为对事是为了找到“有效动作”，而同时对人是为了重复“有效动作”。

每个人都有赞美和被赞美的体验。例如，我的主要工作之一是制定集团和各个公司的战略并不断检讨，偶尔有人会赞美我们的战略与众不同，我很感谢！而我特别想知道的却是我们的战略在哪一点与众不同？这种与众不同是利还是弊？在实际执行中成效是好还是坏？应如何改进？这些“有效动作”才对深化战略有重大价值，如果有人以自己的亲身经历告诉我，比如，在每周“有效动作录”中，我会非常感兴趣！

其实，笼统地赞美战略与众不同，而没有“有效动作”跟进，反而会使人固步自封，以为得到了赞美，就不用改进和优化了。

所以，只有具体详实地赞美人们的“有效动作”，也就是既对具体事又对具体人，才能让更多人找到并重复“有效动作”，取得卓越业绩。

2010 年 12 月 7 日

重温“几何学”

某日，重温初中“几何学”课本，略有顿悟。“几何学”用“公理”，例如“两点决定一条直线”，推导出“定理”，例如“勾股定理”，再用“定理”推导出解决实际问题的“公式”。“几何学”逻辑简洁清晰、环环相扣、前后一致，太容易学了！一个十几岁的上初中的孩子，经过老师几个月的训练，就可以独立解决绝大部分“几何学”的实际问题了。

公司能否和“几何学”一样，员工无须事事请示领导，就能利用公司的公理、定理和公式推导出自己工作的“公式”和“动作”。使公司管理由复杂变简洁，使员工行为由被动变主动，使工作过程由烦躁变快乐。

也许，正是由于重温“几何学”引发的一点顿悟，五年前，中证万融确定了集团简洁清晰、环环相扣、前后一致的公理、定理和公式。包括：两个公理：核心使命（11 个字）、核心价值观（12 个字）；推导出两个定理：核心战略（六句话）、治理守则（六句话）；进一步推导出集团最重要两项工作的公式：选人公式（10 个字）、收购公式（11 个字）。

这样，即使中证万融刚刚完成收购的公司和团队，绝大部分工作也都无需请示，依据集团的公理、定理和公式，就可以独立、迅速地推导出自己工作的“公式”和“动作”，使集团、公司和员工都因此而变得越来越简洁、主动和快乐！

2011 年 1 月 7 日

1 号领导：核心使命

在几何学中，有公理才能推导出定理，有定理才能推导出公式，把正确数据（有效动作）代入公式才能计算（创造）出正确结果（卓越业绩）。在公司中，有核心使命（公理一）、核心价值观（公理二）才能推导出核心战略（定理一）、治理守则（定理二），有公司公理、定理才能推导出各岗位、各部门的公式，把有效动作（正确数据）代入公式才能创造（计算）出卓越业绩（正确结果）。

几何学和公司表面上毫不相干，实质上隔行不隔理，他们遵循着极其相似的逻辑。用简单的几何学逻辑经营公司，复杂的公司经营就会越来越简单。事实上，若不能使公司经营越来越简单，成功只能是昙花一现！

中证万融的公理一是“为人类健康创造卓越价值”的核心使命，和几何学的公理一样，是无需证明、永恒不变却公认正确的常识和规律。只要我们真正为人类健康创造卓越价值了，卓越业绩就会随之而来，而且我们做的越好，业绩自然就会越卓越！

中证万融核心使命的权威性高于任何人，包括董事长。所以，我也要和大家一样，必须和核心使命保持高度一致，用公司公理、定理推导出我的岗位公式和有效动作，请大家一定通过你的每周“有效动作录”对我做的如何进行反馈，这是对我最大的支持和帮助！

总之，核心使命无需证明、永恒不变、公认正确、至高无上，是中证万融永远的1号领导！

2011年2月7日

2 号领导：核心价值观

1 号领导“为人类健康创造卓越价值”的核心使命是我们永恒不变的奋斗目标。“顾客第一 服务他人 诚信创新”的核心价值观是实现核心使命必须遵循的永恒不变的动作的“路径边界”，其权威性仅次于核心使命，但高于包括董事长在内的任何人，是我们在任何情况下都永远不能触犯和跨越的！

“为人类健康”五个字告诉我们必须为患者、医生提供安全性最高、疗效最显著的“好药”。一切动作要以患者的健康利益为第一，而不是以领导的想法为第一，研发、生产、营销各个环节要以服务离患者、医生较近的人为优先，例如，营销中心离患者、医生最近，是公司内部的第一顾客，其他部门和人员要主动为他们提供所有力所能及的服务。“创造卓越价值”六个字告诉我们仅提供“好药”是不够的，必须要提供拥有独一无二治疗价值的“独家好药”。面对患者、医生日益增长的健康需求，只有诚信地正视我们自身在践行核心使命过程中的经营“过错”，不断改善，持续创新，才能研发、生产、营销越来越多的“独家好药”，为患者、医生创造卓越治疗价值。所以，“为人类健康”对应的“路径边界”是“顾客第一 服务他人”，“创造卓越价值”对应的“路径边界”是“诚信 创新”。

核心价值观“顾客第一 服务他人 诚信 创新”是公理，无需证明、永恒不变、公认正确，服务核心使命，是中证万融永远的 2 号领导！

2011 年 3 月 7 日

3.1 号领导：核心战略

1 号领导是核心使命，2 号领导是核心价值观，3 号领导是集团董事会，包括所控股各公司董事会，因为各公司董事会的多数董事均是集团董事会成员。3 号领导的首要任务是依托集团的比较优势，根据 1 号领导和 2 号领导的要求，推导出集团 2009 年到 2019 年的核心战略。核心战略服务核心使命与核心价值观，选择长期不变地做什么不做什么，是集团集中所有资源不断强化自己的有效模式。核心战略不是公理，是定理。定理不是公认正确的，是需要业绩证明的。在很长时间内，例如十年左右是可以不变的，但不是永恒不变的，是可以随着战略执行的深入由集团董事会优化和改善的，所以，核心战略在 3 号领导集团董事会之后，是 3.1 号领导。

中证万融的比较优势是有二十年的资本运营信誉和业绩记录，这是确定集团核心战略的根本依托；只有发挥好这个优势，我们才能吸引有杰出信誉和业绩记录的经营管理人才；拥有了专长互补的杰出人才团队，我们就能根据1号领导的要求，长期持续专注地收购拥有独一无二产品的医药企业，并把药品质量做到最好，为越来越多的患者、医生创造卓越价值；所收购的企业都是集团总部的顾客，根据2号领导的要求，我们一定要敬重原有团队，保持原有品牌永远不变。只要我们真正做到以上四点，所收购企业销售收入大幅增长和股票发行上市成功就一定能实现；不但能为顾客、也就是人类健康创造卓越价值，随之而来的是也一定能为我们的员工和股东创造卓越价值！

综上所述，集团董事会确定的2009年到2019年的核心战略可以总结为六句话：依托中证万融20年来积累的深厚资本运营优势；吸引有杰出信誉和业绩记录的经营管理人才；投资拥有独家产品的医药企业；敬重合作企业的团队和品牌；破解股票上市和销售收入两大难题；为顾客、员工和股东创造卓越价值。

2011年4月7日

3.2 号领导：治理守则

3 号领导董事会的首要任务是根据 1 号、2 号领导要求，推导出集团 2009 年到 2019 年的核心战略，次要任务是推导出和核心战略高度匹配的治理守则。治理守则服务核心使命与核心价值观，是集团治理必须遵循的长期不变的原则。治理守则和核心战略一样不是公理，是定理，不是公认正确，是需要业绩证明的；不是永恒不变，是在很长时间内相对稳定的；随着执行的深入，董事会是可以优化和改善的。所以，治理守则在 3 号领导董事会和 3.1 号领导核心战略之后，是 3.2 号领导。

首先，要明确集团和所控股公司的定位，集团专注于资本运营，包括投资、收购、重组上市等，同时为公司提供重大事项服务，是资本和服务中心，实施董事会领导下的总裁负责制；公司专注于产品经营，包括研发、生产、营销等，拥有独立品牌和团队，是利润和经营中心，实施董事会领导下的总经理负责制。同时，集团财务总监和公司总经理对公司重大财务事项实施“双重领导”。其次，集团营销、工厂、研发、投资、财务、人事行政六服务中心要为公司对口重大事项提供一流的专业服务和指导，帮助公司解决自己力所不能及的难题。最后，根据核心战略，集团所控股的制药公司均拥有独家专利药，因此，公司都实行统一精简的“三部一厂一中心”的组织结构，使得各公司营销中心、工厂、研发部、财务部、人事行政部同一岗位之间可以实现最大限度的资源共享和协同增效。

综上所述，董事会确定的和核心战略高度匹配的治理守则也可以总结为六句话：集团和公司分别负责资本运营和产品经营；集团总裁全面负责资本运营日常工作；公司总经理全面负责产品经营日常工作；集团财务总监和公司总经理对公司重大财务事项实施“双重领导”；集团六服务中心为公司对口重大事项提供专业服务与指导；公司实行统一精简的“三部一厂一中心”的组织结构。

2011 年 5 月 7 日

我喜欢看“有效动作录”

——5 月 30 日集团董事会讲话

每到周末，我都会特别期待打开电脑，我们的经理们一个又一个生动鲜活的有效动作，让我学到了许多一线知识，为我们选人用人和战略决策提供了丰富的真实信息，是我思考研究的重要灵感来源，可以说我喜欢看“有效动作录”！我今天仅讲四点学习感悟，请大家在动作中检验正确与否，用动作产生业绩的好坏对我批评指正！

一、 简单重复最有效

集团总裁服务会的机制建立起来以后，我觉得第一次会开得很好。各个公司总经理服务会还有所属一些部门的会我觉得开得也很好，这样能够使我们整个集团信息共享，使我们整个集团保持经营管理工作的高度透明。集团总裁服务会不但总裁、副总裁参加，还可以请各公司总经理列席，资源共享、协同增效！关键是大家要定时、定点、定人地重复下去。重复了就会产生预期，每个人都会产生预期，这样在会上就得说实话，就得说问题了。重复是非常重要的机制，是使一个人深化认识，是使一个人负起责任来，是使一个人披露真实信息的根本压力机制，但是我们中国人特别容易忽略这个机制。

总裁、总经理、总监的服务会都要定时、定点、定人地重复，不要领导先说，先让别人说，大家说完了你们再说。集团总裁服务会是总裁负责制，公司总经理服务会是总经理负责制，总裁、总经理充分听取所有人的意见，然后做出决策，部门总监服务会其实也是总监负责制。因为我不兼任总裁，也不想影响总裁、总经理们自主权的发挥，所以我只参加董事会会议，董事会是我们董事一人一票制，不是董事长负责制，是少数服从多数，特别重大决策需要2/3多数通过才行，我也是一票，这是公司法规定的，不是我创造的。

二、　公开透明保公平

集团经营管理工作由集团总裁服务会决定，如果涉及到重大支出、年度预算等上董事会，但是总裁服务会要先拿出可供董事会选择的几个方案来。直接上董事会的只有两件事情：（1）收购的事直接上董事会，这是花大钱的事，是非常保密、非常复杂、非常专业的事，这是最大的风险，做好也是最大的收益。（2）各公司高管及以上人员的任免、调配全部上董事会，高管的选择决定了我们所属公司经营的成败，是非常关键的事！包括每个公司总经理、常务副总经理兼营销总监、副总经理兼厂长、研发部总监、财务部总监、财务部副总监、人事行政部总监这七个人的任免、调配上董事会，而且人事行政中心要事先准备这个人的任免、调配的背景、建议等，然后在董事会上决策，集团总部六个服务中心的副总监及以上任免上集团董事会。这样使我们人员任免也全部公开，公开就容易公平，透明就能保证公平。公平不是说我的出发点、我觉得我公平就行了，大家通过透明度看到了我是公平的，大家觉得我公平才是真正的公平。

候补高管，包括各公司的职能部门副职，营销中心的市场总监、销售总监、商务总监等营销二级部门负责人和大区经理，工厂的二级部门负责人。所有候补高管的任免、调配全部上所在公司的总经理服务会，讨论完以后由总经理决定，按流程规定要到我这里签字才生效。我履行签字是程序，但签字也是非常重要的责任，我在签字之前，一定会征求有效动作会他所在会会长的意见，这样可发挥有效动作会对一个人的平等的了解和交流的作用，看他能不能和大家分享，能不能够促进大家的经验，有没有服务他人的业绩。最重要的是，我会再看他的每周“有效动作录”，大家帮我做一件事，告诉我们的经理们，一定要每周写“有效动作录”，不就一周写几句实话吗？为什么会这么难？对写的人是有帮助的。我每周都等着看的，哪怕只写一个动作也行，我一清二楚谁没写，谁漏了一个星期我都很清楚的。将来哪一天我不签字的时候，那你们就问他一句话，就是“有效动作录”写了没有，漏写的次数是不是太多了？当然，如果“有效动作录”写的实，又有业绩验证，这样的人是不能轻易换的，否则，要让我签字也不容易！高管、候补高管的任免按照流程规定我签字才正式生效，我签字的根本依据就是“有效动作录”写没写，写了多少次，写的实不实，“有效动作录”对我了解基层真实情况、判断人、判断战略、判断很多重大事情都是非常有帮助的。

三、说和做须一致

希望从我们每一位董事开始做一件事情，就是怎么样保持说和做一致。“一致”是非常重要的，是决定一个公司长期竞争优势的最根本因素。我们说的要和做的一致，不能忽悠别人，忽悠别人最终是忽悠自己。我们说的是理念，做的是动作、是业绩，说的要和做的一致，说的就要坚定不移地做到，然后再说，再做到，这样我们就会形成强大的声誉。说到做不到是最大的不诚信，而且会给团队带来最大的恶果就是他们也跟你忽悠，而且是用你的忽悠方法忽悠你。你们说的所有事情我都是记在心里的，而且我还会重复去想这个人说的哪些是实现的，哪些是忘了就从来不提的，哪些根本就是胡说八道的，给每个人算出比例来，我就根据这个决定信任谁、不信任谁，信任到什么程度。说的我都会记住的，做到的我也都记住的，做不到的我也记住的，过一年、三年、五年我还会反过来再研究：这个人几年来说到做到了多少？希望大家从我做起，大家工作的时候尽量用我们的

“理念—动作—业绩”这套独特的语言体系，例如，公理、定理、公式、动作、认错、赞美、服务、重复、均值等，形成我们与众不同的自豪感和归属感，这样有助于我们留住杰出人才，有助于我们吸引更多的杰出人才。不要有效动作会上说这套语言，干活的时候又说另一套语言，跟这套语言没有关系，那人家就觉得你们说的跟做的不一致。别看现在有人认为一致不一致无所谓，但是说到做到一年、三年、五年后，人们就会觉得我们与众不同，我们就是和别人不一样，我们的信誉就是高！咱们团队形成一致性了，说的和做的一致，都用我们自己特有的语言，这样我们的客户、股东也会跟着我们说，也会以我们的与众不同为自豪的。客户认同你的理念了，就不在乎钱了，钱就变成次要的了，不然就可能跟你过分讨价还价、过分斤斤计较。所以一致性是我们董事们要以身作则的，要用我们自己创造的语言说到做到，这对公司长期竞争优势是非常重要的。比如说，“有效动作录”写得好的，其实是那些用我们的语言体系去写实实在在动作的人，如果过一段时间他的业绩证明他说到做到了，那他就是一个值得信任的人，长期说到做到了，那他就是一个我们要特别重用的人！比如集团财务中心写“有效动作录”的人是最多的，几乎财务的人每周都没有不写的，很多人把动作分成高效、低效、无效、错误写，很深入、很实在，其中沃华医药财务部又是写得更实的，集团人事行政中心也写得很实。董事们一定要以身作则，一定要构成一致的说做关系，一定要用我们自己特有的语言体系，这对理念的落实是具有很大促进作用的，这不是小事，我们董事一定要起带头、示范作用。

四、 任免人要深思熟虑

因为集团治理守则规定了我们的经营管理是非常充分授权给各个公司的，每个公司的经营业绩特别依赖于我们所选的人，所以在任免人上一定是要深思熟虑！我们一定要选认同我们的理念，信仰我们的理念，同时又有业绩记录和信誉记录的人。要看他的记录，看他的说和做是否一致，然后再给人家时间去试，包括试错，只要不是违反理念的错误，宁可公司付出试错的代价，为培养人付出学费是应该的，但不要轻易换人。选人要深思熟虑，换人也要深思熟虑，这两者是相辅相成的。我不喜欢轻易选人，也不喜欢选了以后又轻易换人，除非能拿出证据来证明人家有违反理念的错误。即使业绩暂时不好，但只要坦诚认错，换人的时候也要给他一个改进期限，不要突然换人，突然换人就会让公司以后没人敢自己报忧了。如果出现问题了，尤其是有大问题了大家都不及时自己主动报告，公司是有致命风险的，几乎所有公司最后死的原因都是所有人只敢报喜不敢自己报忧了。我们要鼓励大家说自己工作中的忧，要赞美那些能够及时说、提早说、说透了的人，我们要包容再包容，这样，大家就会积极主动地及时报忧、最早报忧，而且是报自己的忧，千万不要等事情闹大了，不得不告诉你了才说，这样我们弥补错误的代价会是非常大的。

以上四点仅是我每周看“有效动作录”的部分感悟，我相信大家在动作当中会做的比我说的更加深入、实际、简洁，更加切中要害！

2011 年 5 月 30 日

论重复

大家知道，每到周末，我都特别期待打开电脑，看经理们的“有效动作录”。有的经理说，写比做难，每周用四五个小时写，浪费时间，没必要！也有的经理说，开始写的时候很难，写多了就容易了，只要说实话写实事，一个小时就足够了！我知道，我们的经理们都想写的比别人好一些，但写好的秘诀并不在于写作技巧，写“有效动作录”不是写“小说”，而是写“自传”，写本周做过的实实在在的动作，包括错误动作、无效动作、低效动作、高效动作，只要是真实的，一周只写一个动作也行，不在多，而在真！据我观察，说写“有效动作录”难的人，大部分是在写“小说”，是在编“动作”，所以，一定很累，而且每周重复编下去会非常累，比工作一周还累，否则，就可以当写连载小说的“专业作家”了；而说写“有效动作录”容易的人，大部分是在踏踏实实做人做事，亲自做过的动作，如实写出来分享当然容易，实事实写的分享是一种乐趣，而且越重复分享越是乐趣无穷！只要重复写下去，大家早晚都会意识到，想要写好，只有做好，为了每周重复写还不枯燥，只有一周比一周做得更好，否则会越来越没得可写。其实，每周定时定点重复写有效动作，最大受益者不是“读者”，而是“写者”，这是倒逼自己每周都要做实做好，每周都要创造业绩的一个重要压力机制。

同理，我们的总裁、总经理、总监服务会如果能定时、定点、定人重复开，一定比领导想开就开、想议什么就议什么、想先说就先说，不想开就可以很长时间不开，更能够创造业绩。定时、定点、定人重复就会使每个参会人员产生压力预期，下周会议上我能贡献哪些有效动作？一周忽悠他人容易，但每周重复忽悠，而且还要符合逻辑并让与会的其他人员认同，是不可能的！

同样，中证万融的核心战略第三句话“投资拥有独家产品的医药企业”也是一个重复动作，几年重复下来我们收购了 27 个有 20 年以上独家知识产权保护的专利药，通过多年重复一样的收购动作，我们悟出了一个简洁的收购公式：收购 =（独家产品 + 合理价格）×一致性。也就是说中证万融未来数十年要重复收购那些核心理念一致性高、合理价格的独家产品医药企业，实践“为人类健康创造卓越价值”的核心使命！

我们中国人一般会认为重复是没有能力的表现，这是一个极大误解！伟大公司其实都是把核心理念用动作重复出来的，而且公司全部动作中重复动作创造业绩的比重越高，这个公司越可持续、越基业长青！重复和创新并不矛盾，重复不但可以深入认知、优化动作、降低成本、提升效率，而且重复多了自然就会产生又深入又实际的动作创新，这是人性喜新心理使然，“换汤不换药”的名词创新如果不能用动作重复出业绩是没有意义的。即使非常复杂的事，例如，收购，重复多了也会动作创新变成非常简单的事，中证万融简洁的收购动作就是如此重复来的。不信大家可以在各自工作岗位上重复试试，只要持之以恒，一定会成功的，而且是重复带来的可持续的成功！

2011 年 7 月 7 日

论透明

多年来，我一直思考这样一个问题："如何创造一个公平的组织环境，让每个员工把自己的才能尽情发挥出来?"科学考核可以吗?经多年尝试，考核本身可能很科学，考核者的出发点也是公平的，但多数人却感觉不公平，所以为了公平感，考核内容可能越来越复杂，但公平感却反而越来越差！也就是说，再科学再复杂的考核也解决不了公平感的问题。怎么办?经多年观察、实验和比较，让组织尽可能地"透明"是一个既简单又有效的办法。假如我们办公室的每一面墙都是透明玻璃的，我们在办公室的行为就自然会更加端正，对我们随时可以看到的别的办公室做得好的人也会更加信任，如果再加上简洁的业绩考核，大家公平感就会有显著的提升，这是对员工最大的激励！

首先，中证万融选人用人要全部公开透明，所属各公司高管及以上人员任免、调配，全部由集团和所属各公司董事会充分讨论，按《公司法》规定，用少数服从多数原则决定人选，集团董事长签字生效。各公司候补高管任免、调配，全部上各公司总经理服务会充分讨论，按集团治理守则，由总经理决定人选，公司董事长签字生效。集团总裁、公司总经理、“三部一厂一中心”总监服务会不但要定时、定点、定人召开，还要向所有相关各方人员 24 小时内公开透明。

其次，集团及所属各公司从采购、生产、营销到研发、财务、人事行政各经营环节的所作所为也要在全集团范围内公开透明，我们的有效动作“表录群会”是保障公开透明的基本工具。集团上百名财务人员、数十名人事行政人员在“表录群会”的使用上最积极，取得了较好业绩，值得大家学习！集团财务中心负责提取岗位业绩指标，例如，各公司营销总监、厂长、研发总监、财务总监、人事行政总监等，并计算出同一岗位业绩的平均值，随时通过“表录群会”公布，业绩在同一岗位均值及以下为低效动作、均值以上为高效动作，而均值也会随着集团内同一岗位任何一个人业绩的提升而相应上升。随着每个人业绩和同一岗位均值的及时公开透明，大家就能及时地向高效动作学习，业绩就会有更好更快的提升。

总之，只有透明才能使团队成员真正感受到管理者没有私心，也只有透明才能倒逼管理者公平地对待每位员工，我相信透明度越高，员工积极性就会越高，高效动作就会越来越高效，符合理念的可持续业绩就会越来越好！

2011 年 8 月 7 日

论一致

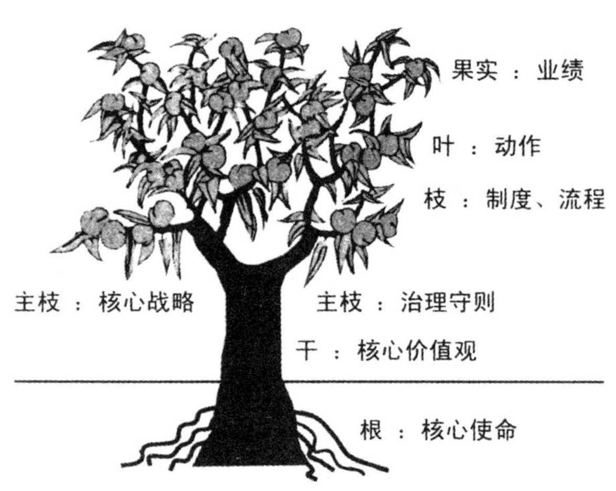

一般而言，随着组织规模的不断扩大，管理复杂度会成几何级数上升，而管理者的能力终究是有限的，当

复杂度远超人的管理能力的时候，组织的崩溃早晚会发生。那么，如何使组织规模越大管理反而越简单呢？加强理念一致性是一个有效方法，事实上，理念一致性越强的组织管理越简单、组织越长寿。

理念一致性是指“说和说”、“说和做”、“做和做”、“人和人”要高度一致。

一、　说和说一致

企业像一棵树，从根部成长，根深树大。核心使命是企业的“根”，核心价值观是企业的“干”，核心战略、治理守则是“主枝”，制度、流程是“枝”，动作是“叶”，所结出的“果实”就是业绩。就像树的果实源自根部的营养一样，卓越业绩也一定是源自企业“根”部的营养。只要每个人在任何时间、任何地点说的和企业的“根”保持高度一致，每个人现在说的和以前说的保持高度一致，而且能越说越深入、具体、实际，就会越说越有业绩。

二、　说和做一致

我们说了就要想方设法做，做就是要动作，谁先动起来谁就会先有作为。说多了做不到，久而久之会失去信誉；说少了做多了虽说是美德，但不是如实披露信息，也不好；说到做到、说多少做多少最好，对个人对组织的长期可持续成功最有利。

三、 做和做一致

一旦决定做了，就要立即动作，而且要一步一个脚印、坚定不移、环环相扣、扎扎实实地做到底，做到极致，做出极品。而不要“东一榔头西一镐头”地乱动作，保持任何时间、任何地点动作的高度一致是创造卓越业绩的根本保障。

四、 人和人一致

至少两个人一起做事才能构成组织，只有组织中人与人之间保持说和说、说和做、做和做的高度一致，才能使组织产生最大的合力。随着组织规模的不断扩大，理念一致性会给组织成长带来强大的前进惯性，规模越大惯性越大，惯性越大管理越简单，这样的组织才能长寿。

“四个一致”不但是一个组织基业长青的有效保障，也是一个人长期持续成功的有效保障，也是我们核心价值观中“诚信”的根本要求。我相信只要我们真正做到了“四个一致”，“为人类健康创造卓越价值”的核心使命就一定会实现！

2011 年 9 月 7 日

论选人

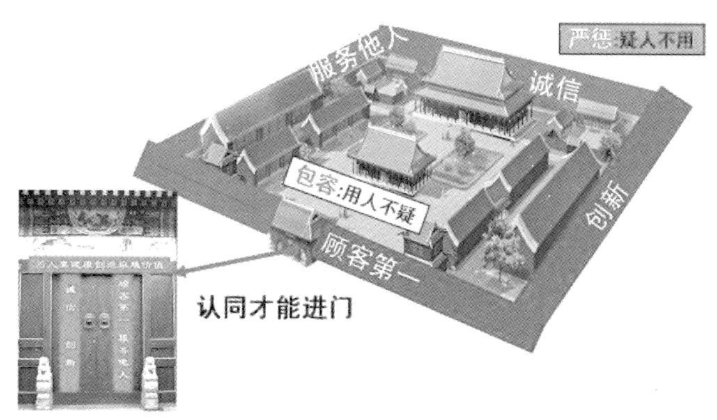

这是一个“四合院”，“四面墙”分别是核心价值观的四句话“顾客第一 服务他人 诚信 创新”，在这个“院子”里面的都是在核心价值观边界内动作的中证万融人。他们在“院子”里面重复高效动作、透明所作所

为、一致地说和做，这是一个有比社会更高道德标准——拥有核心价值观标准的人组成的杰出人才团队，这是一个因重复、透明、一致而充满快乐的“院子”。对在“院子”里面动作所犯的错误，我们要包容包容再包容，哪怕给公司造成了损失，也是公司为培养人才所必须付出的“学费”。只要选和用一个人了，我们就要百分之百信任和百分之百授权，这是中证万融的“用人不疑”。在“院子”里面选人用人只有一个简单数字标准，就是大家都要用符合核心价值观的业绩说话、业绩证明、业绩衡量，谁业绩突出就重用谁！当然，“用人不疑”必须有明确的边界，否则公司会有致命风险，“四合院”的“四面墙”就是厚厚的边界，只要跑到边界外的，就要立即严惩，即使再有能力也不能选和用，这是中证万融的“疑人不用”。

中国人春节时喜欢在门上贴“对联”，“横批”相当于核心使命，“上联下联”相当于核心价值观。核心使命是永恒不变的终极目标，核心价值观是奔向核心使命必须遵循的永恒不变的动作边界。比如同仁堂的核心使命是“同修仁德 济世养生”，核心价值观是“炮制虽繁必不敢省人工 品味虽贵必不敢减物力”，同仁堂贯彻340

年了，才成就今天的金字招牌。核心使命、核心价值观是英文翻译过来的，中国古代分别叫堂训、堂规，或校训、校规，用到公司来应该分别叫司训、司规。比如清华大学100年了，为什么这么成功呢？因为贯彻了100年同一个校训、校规，校规有时也叫校风，清华的校训是“自强不息 厚德载物”，校规或校风是“行胜于言”。

其实，“四合院”门的“对联”就是我们选人的“门”。真心认同我们“对联”的就到“门”前考试，不真心认同的就别进“门”，即使暂时进“门”了，如果不能用符合核心价值观的业绩证明自己，也一定会被请出“门”的。但只要被选进“门”了，就会得到百分之百信任和百分之百授权，在“院子”里面就可以充分自由发挥你的才能，即使犯了错误，只要主动认错，也会给时间和机会改正。

总之，中证万融选人用人就是要做到“爱憎分明”，没有中间状态。我们不选不用“半信半疑”的人，这样做既是对当事人负责，也是对公司负责。只要我们对“院子”内的人真正做到“用人不疑”，对跑到“院子”外的人真正做到“疑人不用”，我们就能吸引和成就越来越多的既喜欢核心价值观又有突出专长的杰出人才，创造越来越多的卓越业绩，实现“为人类健康创造卓越价值”的核心使命就有了最根本的人才保障！

2011 年 10 月 7 日

关于《中证万融等着你》的由来

腾冲县委书记余炳武先生怀着对腾冲的热爱写出了《我在腾冲等着你》，由于投资了云南腾药，才有机会了解了腾冲人，喜欢上了这首歌。到目前为止，我是一个“歌盲”，记不住任何一首歌完整的歌词，更不会唱一首完整的歌，对践行中证万融核心使命、核心价值、核心战略的执著追求激发了我，斗胆把原歌词改了 26 个字，征求大家意见，可否作为中证万融司歌？

一、“我在腾冲”改为“中证万融”。腾冲等着喜欢“高黎山下”、“热海边上”、“神柱身边”的游客，中证万融等着喜欢并践行中证万融“核心使命”、“核心价值”、“核心战略”的人。

二、“高黎山下”改为“核心使命”，“山花日日”改为“独家好药”。“核心使命”是“高山”，是中证万融人永恒不变的“攀登目标”，“独家好药”是“山花”，独一无二高品质好药是实现“为人类健康创造卓越价值”核心使命的根本保证。

三、“热海边上”改为“核心价值”，“泉水夜夜”改为“好人天天”。“核心价值”是“热海”，是中证万融人永恒不变的“动作习惯”，“好人”是“泉水”，是指践行了“顾客第一 服务他人 诚信 创新”核心价值的人，和“好人”合作，就像天天有人为你歌唱一样高兴。“海”比“山”低，“核心价值”服务“核心使命”。

四、“神柱身边”改为“核心战略”，“鱼儿”改为“守则”。“核心战略”是“神柱”，是公司选择长期不变地做什么不做什么业务的根本标准。“治理守则”是“鱼儿”，匹配核心战略，是集团治理必须遵守的长期不变的原则，为所有中证万融合作伙伴美好心愿的实现提供了治理上的安全感。

五、“中证万融等着你”完全符合中证万融一贯推崇的“开放、包容、宁静、低调”的心态，大家会越唱越喜欢。中证万融等着喜欢并践行我们核心使命、核心价值、核心战略的所有人；等着喜欢并使用我们产品和服务的所有顾客包括患者、医生光临；等着拥有信誉记录和业绩记录的杰出人才加入；等着拥有独家好药的优秀企业加盟；等着我们政府有关部门的指导、支持、帮助……

中证万融等着你，中证万融等着你，中证万融等着你……

2012 年 1 月 7 日

XX 公司年会十大教训

——一个说和做完全相反还不自知的典型案例

一、入场仪式让我和公司领导走红地毯，像明星一样突出我和公司领导，宣传介绍我和公司领导，让政府领导、XX 人走在后面，这不是顾客第一，会让政府领导很不舒服，也会让代理商认为顾客第一是假的，还是公司领导第一。

二、将唱集团司歌排在第三，唱司歌时不起立、无字幕、无领唱，没有体现唱司歌的严肃、庄重，这是对核心使命、核心价值的不尊重。

三、对 XX 人获奖者没有详细介绍事迹，尤其是高效动作，不给获奖者发言机会，XX 人是晚会真正主角，却变成跑龙套，这是对获奖者的不尊重。

四、颁奖嘉宾应该是公司所有高管或 XX 人代表，而不能总是董事长，这是对其他高管的不尊重。

五、整场年会 30 多个节目中几乎都是喊口号，而没有过去一年 XX 公司高效动作支撑，文艺节目要反映过去一年的高效动作，为传播高效动作服务，不要搞成春节晚会，显耀华丽、灯光、才艺。

六、签责任状是非常庄重的仪式，流程安排却随随便便，用摇滚乐作为背景音乐非常不妥。

七、唱司歌安排在年会开始、结束均可，中间不要总强制安排，还要求连唱两三遍，会招人反感，非常不妥。

八、整场年会动用长臂摄影机、豪华服装，过于铺张浪费，可以节省下来发员工奖金、补助，不要追求表面华丽。

九、年会不要强制任何人，也不要强制我。我不会唱歌，不要强制安排和专业人员一起唱，我在讲话时会以身作则学唱司歌，能唱多少唱多少，真实比什么都重要。

十、年会是“2011 有效动作总结表彰会”，而不是“春节联欢会”，重心应该在做出业绩、获得奖励的 XX 人和团队，他们是真正的英雄，要通过实在的语言和文艺节目传播他们的高效动作。而 XX 公司年会颁奖表彰时间太短，不到整场年会的 1/10，流程匆匆忙忙，其他时间都在唱歌、喊空洞无物的口号，而不是传播真实的高效动作。

这是一个自己说的口号被自己做的动作完全否定的典型案例，而且当事人还不自知，还觉得自己做得不错！所以，对核心使命、核心价值，不是看会不会说，而是看他们的动作，才知道是真信还是假信。从这次 XX 公司人事行政部有关人员的动作看来，他们并不真心信仰核心使命、核心价值，他们还是在突出华丽、做表面文章、喊空洞口号。试问参加年会的人，花了这么多钱，热闹 6 小时，学到了几个高效动作，对自己 2012 年创造更大业绩有帮助吗？我参加这个年会，一无所获，什么也没学到。

沃华年会、康辰年会很实在，能学到高效动作，XX 公司人事行政部为什么不先模仿再创新呢？我至今百思不得其解！XX 公司人事行政部有关人员要给大家一个解释，今后各公司年会一定要吸取 XX 公司的十大教训，办成名副其实的有效动作总结表彰会！

2012 年 1 月 19 日

2012年十大动作

为推动集团各公司、各中心实现预算目标，使业绩更快、更可持续增长，集团董事会决定2012年重点推动全集团贯彻落实“一慢二快三化四网”十大动作：

【一慢】重大决策慢

重大决策要适当慢一个星期左右，一定要深入实际调查、研究真实历史记录、倾听不同意见、深思熟虑后再决策。

【二快】动作快、改错快

决策以后马上动作，快到“一分钟动作”，先动起来，想好关键点，不要纠结于无关紧要的细节。

发现错误“一分钟改错”，不要拖延、隐瞒、找借口，非得拖成大错，那代价就非常大了。改错比认错还重要，认错是意识到错误，改错是要把错误变成正确的动作。

【三化】平台化、制度化、团队化

平台化：由集团总裁牵头负责，全集团所有工作尽可能平台化，资源共享，协同增效，促进每个公司利润最大化。平台不是行政命令，而是通过内部竞争形成的，所以各平台不是永恒不变的。例如：心脑血管营销平台、综合营销平台、采购平台、商务平台等都是以集团内业绩最好的团队为基础通过内部竞争形成的。

制度化：由集团常务副总裁牵头负责，在全集团推动制度化建设。制度就是通过用“表录群会”有效动作提升工具，贯彻“核心使命、核心价值、核心战略、治理守则”产生的公认高效动作，固定化、逻辑化、文字化并强制执行。制度相当于“水渠”的“渠”，所有人相当于“水渠”的“水”，有了制度，任何人都要按照“渠”的规定走，在“渠”内自由发挥，勇于创新。

团队化：中证万融的所有事情，包括政府关系，应全部由至少两人组成的团队运作。开始的时候可以一个人先做，但是最终都一定要团队运作。集团现在已拥有

39 个独家创新专利药，我们对中国医药事业的发展是有很大贡献的，政府知道了肯定会支持我们，做好政府关系是践行“为人类健康创造卓越价值”核心使命的正义事业，是对政府、社会都有重大价值的光明正大的事，所以必须做到团队作业，实现公开透明，确保所有政府关系全集团资源共享、协同增效。

【四网】略。

2012 年 2 月 2 日

论制度

制度是“渠”，人是“水”，建“渠”是为了让“水”发挥更大的作用，使“水”起到更好的灌溉效用。公司建制度是为了让人发挥更大的作用，如“水”得“渠”。就像“水”不能流出“渠”一样，不按制度做事的人会受到制止，使人力资源不会被浪费，使公司不会因为没有制度约束而遭受不可控制的风险。当然，有制度人也会犯错误，但只要制度高效，执行坚决，风险就是可控的。

高效制度从何而来？是从践行“三核心一治理”的高效动作中来，司歌《中证万融等着你》第一段是核心使命，第二段是核心价值，第三段是核心战略和治理守则，环环相扣、逐步深入的歌词结构生动地反映了“三核心一治理”之间的内在逻辑，我相信，谁唱的越好，谁就越会把“三核心一治理”更快地变成动作。

动作分四类：错误动作、无效动作、低效动作、高效动作。高效动作是创造的业绩高于同一岗位全集团内所有人均值的动作。动作提升工具也有四个：“日”有效动作“表”、“周”有效动作“录”、“时”有效动作“群”、“月”有效动作“会”。“表录群会”帮助我们发现和记录了很多公认的高效动作，将这类动作固定化、逻辑化、文字化并强制执行就是高效制度。坚决执行制度会减少每个人的试错成本，提升每个人的业绩，在制度内要充分授权、勇于创新，同时也要坚决惩罚违反制度的人。

总之，高效制度是高效动作的固定化、逻辑化、文字化并强制执行，就像同样的“水”在高效“渠”里一定会产生更大灌溉效用一样，同样的“人”在高效制度里也一定会创造更大业绩。

2012 年 2 月 7 日

论平台

“平台”是指集团内各公司为追求自身利润最大化而主动共享的那部分资源。大家知道，各公司都是拥有独家产品的制药企业，因此，从研发、生产到营销等各个方面、各个环节都会有极大的资源共享空间。例如，沃华有集团内最好业绩的600人左右的心脑血管专业化临床推广团队，其他公司的心脑血管药品就可以搭载上去，谁拥有药品的知识产权，销售收入和利润还归谁所有。这样，别的公司就没必要像沃华一样花数年和数千万去再建一支队伍了。

“平台”的产生是以集团内同一专业最好业绩的团队为依托的，不是靠上级命令，而是靠平台总经理和各公司总经理双向选择。根据集团治理守则，集团是资本和服务中心，追求资本最大化；各公司是利润和经营中心，追求利润最大化；各营销平台追求的是在固定费用下的销售收入最大化，是收入和营销中心；各采购平台追求的是在确保质量下的成本最小化，是成本和采购中心。当然，我们还有其他很多专业平台，例如，招标平台、政府事务平台等也都是以集团内一个或几个最好业绩的团队为依托形成的。

总之，只要“平台”是内部竞争、双向选择形成的，那么，这样的“平台”越大越多，对各公司利润最大化贡献就会越大。更重要的是，可以通过集团内部竞争性的“平台”形成机制，使更多的资源向最好业绩的人才和团队集聚，为他们搭建更大的舞台，让他们的才能有越来越大的发挥空间！

2012 年 3 月 7 日

论团队

“团队”是为了追求人生价值最大化每个人必须选择的与他人共事的方式。“团队”不同于“团伙”，“团伙”是指为了短期利益而暂时结成的同盟，往往指一起做坏事的一群人；“团队”是指为了追求同一核心使命和核心价值而一起做好事的一群人。“团伙”里的人喜欢用“我”，而不喜欢用“我们”，尤其是有了好处的时候；当有了麻烦，他们也会用“我们”来达到推脱个人责任的目的，但当麻烦大了，“我”恐怕就会选择赶快逃离这个是非之地了。“团队”里的人喜欢用“我们”，尤其是有了业绩的时候；当有了麻烦，即使是很大麻烦，他们才会用“我”挺身而出为“团队”承担责任！

中证万融核心价值的前两句话分别是“顾客第一、服务他人”，也就是说，在我们的团队里下级是上级的顾客，下级第一；上级是下级的服务员，上级服务下级。所以，衡量一个经理的业绩是看他能否服务成就自己的团队成员，让团队取得成功，而不是显耀自己个人如何了不起。

为了培养团队尽快成长，中证万融的每一件事情都要做到至少两个人互相配合、共享信息、共同操作，每个人都有局限性，一定要发挥团队的作用，绝不允许单打独斗。即使这样效率可能暂时会降低，只要对团队成长有好处，暂时降低也是值得的，是为了培养团队成长我们所必须付出的“学费”。只有更多的团队成员更快成长起来，我们的效率和业绩才会越来越好，更为重要的是“团队”的业绩才具有可持续性！

2012 年 4 月 7 日

论“学而时习之”

——《有效动作论》内部版前言

这本小册子收集了我从2009年4月7日到2012年4月7日写的39篇短文，除了最前和最后各两篇文章外，发表在《沃华人》上的35篇是按时间排序的，真实地反映了我学习每位经理的每周“有效动作录”和“动作日记”后对当月中证万融主要动作的认知、看法和感悟，给参加中证万融医药投资集团“2012年有效动作会”的407位经理“学而时习之”。

孔子说“学而时习之，不亦说乎”。“学”不是目的，不是为显耀自己，“学”是为了“习”，“习”是练习，是把“学”的东西转化为“动作”，并通过“时习”，即定时的重复练习找出“动作”中的“有效动作”，也就是能创造出业绩的“动作”。长期“时习”“有效动作”，业绩就有了可持续性，这才是“学”的乐趣和“学”的最根本目的。因此，这本小册子的正标题叫“有效动作论”，副标题叫“中证万融有效动作时习录”。

15 年前，1997 年 1 月，34 岁，年轻气盛，追求名利，公开出版了一本书，意外地成了 1997 年中国十大畅销书之一，这本书的正标题叫“资本运营论”，副标题叫“兼谈投资银行家在中国的角色”，这本书的理念我自己整整“学而时习之”了逾十五年。

目前，2012 年 5 月，49 岁，人到中年，淡泊名利，喜欢低调、宁静，对这时的我而言，“学而时习之”是要把这本小册子的理念转化为“动作”，把“动作”转化为“业绩”；“不亦说乎”是要把中证万融打造成基业长青的百年企业。所以，没有像《资本运营论》一样把《有效动作论》公开出版发行，而是内部发行，仅供中证万融同仁和朋友参考使用，希望没有浪费大家的宝贵时间。如果能对大家提升有效动作、创造卓越业绩、打造百年企业有一点启发和帮助，自己也就可以“不亦说乎”了！

2012 年 5 月 7 日

“时习”：“有效动作表”

有效动作表

	理念	业绩
错误动作	不符合	即使业绩 >0 也不能做
无效动作	符合	业绩≤0
低效动作	符合	0 < 业绩≤均值
高效动作	符合	业绩 > 均值

【理念】=核心理念+非核心理念=公理+定理+公式=“三核心一治理”+公式=核心使命+核心价值+核心战略+治理守则+制度

【有效动作】=低效动作+高效动作

【均值】同一岗位所有人产生业绩的平均值，是低效动作到高效动作的转折点。

“有效动作表”是中证万融人提升有效动作、创造卓越业绩的四个基本工具之一，为其他三个基本工具，即有效动作录、群、会提供了简洁实用的“思维范式”。

任何人和组织的持续成功都是和认错相生相伴的，而且越早认错越早成功，越晚认错越晚成功，越不认错越失败！谁不及早承认犯过的错误，谁就早晚会犯更大的错误；及时主动公开承认错误，特别有助于迅速改正错误、少犯错误和不犯大的错误！“有效动作表”首先是让大家敢于正视错误、不回避错误，所以，在表中“错误动作”被列在第一类。

事实上，“有效动作表”中的“高效动作”、“低效动作”是从“错误动作”、“无效动作”中试验出来的。“错误动作”不符合理念，方向就是错误的，即使业绩>0也不能做；“无效动作”符合理念，方向是正确的，但业绩≤0，要尽量少重复，才能以低成本尽快上升到“低效动作”。“时习”指定时定点有规律地重复练习，“时习”“低效动作”，低效一定会变高效；“时习”“高效动作”，高效也一定会变更高效，这就是“时习”“有效动作表”给我们带来的巨大好处。

如果每个中证万融人每天都能用“有效动作表”这

个“思维范式”说话做事，那我们就可以大大降低“假话、大话、空话、做虚事”所带来的“巨大成本”，我们的“高效动作”就一定会越来越多、越来越好，我们的业绩也一定会越来越卓越！

2012 年 6 月 7 日

“时习”：“有效动作录”

“有效动作录”和“有效动作表”一样，是中证万融人提升有效动作、创造卓越业绩的四个基本工具之一，“表”是关于“四类动作”的思维范式，“录”是关于“四类动作”的真实记录。

中证万融制度规定，每周日晚上 12 点前每个经理必须发“录”给上级、同级和下级，要将自己的“四类动作”如实和团队分享，为自己和团队少做错误动作、减少无效动作、提升低效动作、重复高效动作积累真实记录。每月《沃华人》报上我的文章，真实地记录了我学习每位经理“录”后对中证万融“四类动作”的认知、看法和感悟。可以说，没有“录”就没有我的文章，对

"录"我是天天"学而时习之"。

大家可以向经理们调查一下，很多写"录"多年又敢于实话实说的同事，已经真心地喜欢上了这个简洁高效的自我提升及团队沟通工具，刚开始写的时候可能感觉有点难，但只要肯说实话就会越写越简单、越写越快乐。一周写一篇，一年就能积累五十多篇，两年就能积累一百多篇，自己的"高效动作"也会随之越积累越多，业绩自然会水涨船高。其实，有许多同事已不满足每周写"录"，而是主动每天写"录"，这不是制度规定的，是他们如实写"录"乐在其中的自发动作。所以，即使每天花上半个小时写"录"也是物有所值的，"性价比"非常高！

"录"不是编小说，而是写自传；"录"不是为迎合领导而编，而是为自己进步而写；"录"不是越长越好，而是越实越好；"录"不是报喜不报忧，而是报喜更报忧；"录"不限书写格式，但严禁"假、大、空"；写"录"就是写自己亲身经历的真实动作，最重要最可贵的是真实！

鼓励给上级包括我本人直接单独发"录"，而不要群发，这样可以向上级倾诉更多的烦恼、困惑和磨难，使上级能及时准确地服务下级、成就下级。每天，我都会急不可待地打开电脑，等待每一位经理“录”的到来，这是我了解基层真实情况、发现真正的杰出人才、做出符合实际战略决策的重要依据。但我是只看不评论、不反馈，防止越级指挥。希望我们的经理们也不要有了“录”就克制不住自己而去越级指挥，正常状态下还是一级管一级好，当然，出现重大突发事件时可例外。

总之，只要中证万融的经理们真正做到每周或每天“时习”“有效动作录”，我们就一定能以更快的速度积累更多的“高效动作”，在更短的时间创造更卓越的业绩！

2012 年 7 月 7 日

“时习”：“有效动作群”

有效动作群规

通用有效 四类动作	认错	赞美	服务	重复
错误动作	√	×	×	×
无效动作	√	×	×	×
低效动作	√	√×	√×	√×
高效动作	√	√	√	√

“有效动作群”和“有效动作表”、“有效动作录”一样，是中证万融人提升有效动作、创造卓越业绩的四个基本工具之一，“表”是关于“四类动作”的思维范式，“录”是关于“四类动作”的真实记录，“群”是关于“四类动作”的每时每刻“直通车”。

许多经理对“时习”“有效动作群”十分重视，以下一段文笔并不十分顺畅的真实记录，也许可以让我们有所感悟：“每当我和其他公司的好友说起中证万融的‘有效动作群’，往往对方第一反应都是嘲笑和不理解，在别的公司都禁止登陆 QQ 的时候，我们竟然‘开天辟地’建立了 QQ 群让大家‘聊天’！这个时候我就会为对方细细道来中证万融‘有效动作群’的‘玄机’——这是方便我们每时每刻进行同一岗位有效动作交流、分享的平台。

有了这样一个‘制胜法宝’，我们的工作变得高效和灵动起来。自从有了人事行政‘有效动作群’，我的工作不再是孤单作战，遇到任何问题，我都感觉是全国各地的所有同事跟我站在一起，随时都可以有许多经验丰富、阅历深厚的前辈帮我解答问题、克服困难。平时交流中我们也发现，自己绞尽脑汁、百思不得其解的困惑，在群上提出之后，很多时候都能够在一分钟被大家解决。有一次我对于 OA 发文流程不了解，找了半天也没有得到要领，在群上一问，几乎在同时就得到解答！

更让人兴奋的是，时不时会有人在‘群’上主动为大家分享某项工作的经验、分享某项活动的进展、分享某个会议的收获，有这样的‘群’，我们真的是太幸福了！‘群’是一个融合岗位知识和经验的宝库，‘群’是一个与时俱进、时时更新、天天跑步前进的团队！”

可以告诉大家，这段文字是摘自集团人事行政中心一位入职两年助理经理的“有效动作录”。

“有效动作群”之所以在中证万融有效，是因为中证万融人能够自觉地按照“群规”在“直通车”上进行每时每刻的答疑解惑。如上表：“有效动作群规”，对错误动作和无效动作，是自己的要主动认错，让错误和无效变有效；是他人的要不赞美、不服务、不重复！对低效动作，是自己的也要主动认错，让低效变高效；是他人的要适度赞美、适度服务、适度重复！对高效动作，是自己的更要主动认错，让高效更高效；是他人的要充分赞美、充分服务、充分重复！其实，中证万融人之所以能够在“群”上按“群规”沟通和交流，是因为他们在“群”下的日常工作中也是这样做的，“群”上的“说”和“群”下的“做”是一致的，上表在“群”下我们也叫“有效动作副表”。

总之，只要大家按照“有效动作群规”“时习”“有效动作群”，我们就一定能够以比别人更快的速度，创造更大的业绩！

2012年8月7日

“时习”：“有效动作会”

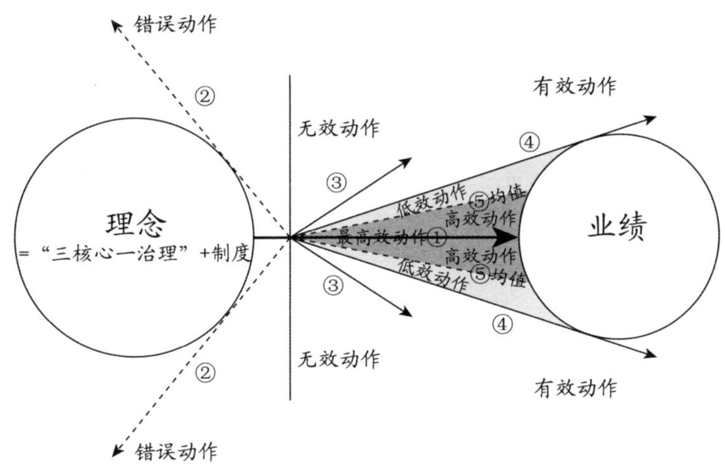

有效动作会规

“有效动作会”和“有效动作表”、“有效动作录”、“有效动作群”一样，是中证万融人提升有效动作、创造卓越业绩的四个基本工具之一，“表”是关于“四类动作”的思维范式，“录”是关于“四类动作”的真实记录，“群”是关于“四类动作”的每时每刻“直通车”，“会”是关于“四类动作”的每年每月“嘉年华”。

“有效动作会”会员由全集团范围内严格挑选的中证万融精英组成，所占比例不超过集团总人数的百分之二十，目前会员人数为 550 多人。当选会员的标准是：以“有效动作表”为思维范式，每周写“有效动作录”，每时每刻上“有效动作群”，每年每月开“有效动作会”的业绩优秀中证万融人；成为中证万融人的标准是：信仰并践行“三核心一治理”及衍生制度的人。实际上，司歌“中证万融等着你”也可叫“中证万融人等着你”或“‘三核心一治理’等着你”。

“有效动作会”每年 7 月举行为期三天的会员大会，最直接最充分地沟通“四类动作”，三个下午的全体会议由发言、提问、点评、游戏及有奖竞答等生动活泼的形式贯穿始终，总服会任“有效动作会”会长全程主持，财服会任副会长。三天中剩下的时间由 32 个有效动作分会会长各自或联合组织丰富多彩的团队活动，让集团每个公司同一岗位或相关岗位的会员能够进行最直接最充分地深度沟通。在大会闭会期间，各分会分别用电话或YY语音每月定时沟通分享一次，总服会每月16日要召开分会会长电话会，听取上一个月32个岗位“四类动作”“时习”情况汇报。分会会长由会员在每年7月民主选举产生，负责组织分会活动，对分会会员晋升、奖励拥有一票否决权，任期一年，不能连选连任。32个有效动作分会包括营销总监、工厂厂长、研发总监、财务总监、人事行政总监、市场经理、采购经理、总账会计……总经理等岗位，总服会参加总经理有效动作分会。每年以及每月一次的“有效动作会”已经成为中证万融人最隆重的“嘉年华”。

看上图：“有效动作会规”：“三核心一治理”=核心使命+核心价值+核心战略+治理守则=核心理念+（核心战略+治理守则）=核心理念+定理=公理+定理，理念=“三核心一治理”+制度=核心理念+定理+制度=公理+定理+公式。制度是践行“三核心一治理”衍生的高效动作固定化、逻辑化、文字化并强制执行，也称公式、法律、规则、流程等。理念的“圆”大于业绩的“圆”，说明理念重于业绩，规定我们必须在理念边界内创造业绩，违反理念的业绩、包括违反理念的钱我们是绝不能赚的！我们为什么要了解错误动作呢？因为你也许没意识到，你已经在沿着这条路线走了，至少在一定程度上如此。如果你知道应该规避哪些错误动作的话，或许可以及时挽救你的失败。大家知道，两点之间直线最短，理念的大“圆”到业绩的小“圆”最短距离是上图最中间的①号粗线，这条线在上图中“找”到很容易，在动作中“做”到却不容易，而“有效动作会”能够让我们充分借鉴他人“时习”“有效动作”得失，使我们能以更低代价逼近最高效动作！

违反理念是错误动作（见上图②号线），例如，不按制度规定每周日 24 点前发送“有效动作录”是错误动作；符合理念、业绩≤0 是无效动作（见上图③号线），例如，每周按时发送了“录”，但写的内容都是“虚”的是无效动作；符合理念、0 < 业绩≤均值是低效动作（见上图⑤号线及④号线与⑤号线之间的两个浅灰色区域），例如，写的内容有“虚”有“实”，但“实”的比例等于或低于本分会会员平均水平，也就是均值（见上图⑤号虚线）及以下的是低效动作；符合理念、业绩 > 均值是高效动作（见上图①号粗线及中间最大的深灰色区域)，例如，写的内容“实”的比例高于均值，假设均值为 80%，“实”的比例高于 80% 是高效动作；有效动作（上图浅灰 + 深灰区域）= 低效动作 + 高效动作。其实，中证万融人之所以能够在“会”上按“会规”沟通和交流，是因为他们在“会”下的日常工作也是这样做的，“会”上“说”的和“会”下“做”的是一致的，上图在“会”下我们也叫“有效动作图”或“有效动作路线图”。

总之，只要大家按照“有效动作会规”“时习”“有效动作会”，我们就一定能够以比别人更快的速度，创造更大的业绩！

2012 年 9 月 7 日

论“三要素四循环”

如何让经营管理中的难事、急事化解在萌芽状态？或者说，如何不让很容易解决的“小事”，由于没有及时正视，在不知不觉中演化为“大麻烦”？通过多年的观察、实践和思考，我认为，“时习”“三要素四循环”会议制度是一个简洁高效的解决方法。

首先，各级负责人服务会包括从集团、公司、平台、中心、工厂、部、到大区、车间、办事处、班组等都要“时习”“定时、定点、定人”三要素，而不能负责人个人说了算，想开就开，不想开就不开。一般情况下，都是有了难事、急事等“大麻烦”才不得不开，自然很难发现和正视有可能演化为“大麻烦”的特殊“小事”，就更谈不上及时把“大麻烦”解决在“小事”状态了，所以，集团总裁服务会、各公司（平台）总经理服务会、各中心总监服务会等要每周“定时、定点、定人”召开，而办事处、班组等负责人服务会等要每天“定时、定点、定人”召开，我们希望和鼓励开高效的短会。

同时，各级负责人服务会还要“时习”“倾听、讨论、决策、动作循环表”四循环，所有本周（天）的大事、要事、新情况、新动向必须上会，其中“新情况”指可能成为难事、急事等“大麻烦”的特殊“小事”，而“新动向”指可能成为大事、要事等“大机遇”的另一种特殊“小事”。各级服务会负责人只有真心倾听、问询团队成员意见，鼓励团队成员充分讨论、争论和辩论，才能及时辨识以不同形式出现的各种特殊“小事”，也才能提升服务会负责人做出正确决策的概率，也有利于团队成员更快更好地把决策变成动作和业绩。在中证万融，各级服务会均实行“一把手”负责制，而不是一人一票的委员会制，只有董事会实行委员会制。在各级服务会上决策了要做的动作，一定要一周（天）又一周（天）地在以后的服务会上不断循环跟踪这些动作的进展，直到产生业绩，并根据“有效动作表”中业绩分类标准把对应动作归类到“四类动作”中，记入会议纪要并公示，在有效动作“表录群会”中分享，这个“决策—动作—业绩”循环才是有效动作。“动作循环表”格式设计应简洁明确，包括动作目标、动作责任人、动作完成期限等，也要最大限度地向团队成员公示，既有利于团队成员落实，又有利于团队成员监督，何乐而不为呢？我们必须强调的是：只有通过“三要素四循环”会议制度，各级服务会负责人决策产生的业绩才符合制度化、团队化、透明化的理念，才是可持续的，也是我们所要的；如果不是通过“三要素四循环”会议制度做出的决策，即使产生了大于零的业绩，由于不符合理念，是不可持续的，也不是我们所要的。

当然，刚开始“时习”“三要素四循环”时，如果以前积累了太多没有真正落实和解决的议题，就会导致会议内容多、时间长，大家会很辛苦、很不习惯，但只要坚持重复几个月这个会议制度，就会感到越开越高效、越开越轻松、越开越习惯，而且会越开越短！其实，我们有的公司、部门已经重复几年了，取得了越来越好的业绩，“简单重复最有效”啊！

总之，只要我们长期、一贯、一致地“时习”“三要素四循环”会议制度，我们的“大麻烦”就会越来越少，我们的“大机遇”就会越来越多，我们的业绩就一定会越来越好、越来越可持续！

2012 年 10 月 7 日

“核心价值观”还是“核心价值”

“顾客第一 服务他人 诚信 创新”应该叫“核心价值观”还是“核心价值”？一字之差其实区别是非常重大的，我也是偶然的机会才意识到这一个字的份量和价值。是在改编《中证万融等着你》的时候，第一稿改完了让团队提意见，然后试唱，怎么唱也不行，说多了一个字，不好唱。为了把五个字去掉一个字，想来想去只能去掉“观”，就变成“核心价值”了，当时没有想到一字之差有什么意义。我喜欢思考，因此开始研究“核心价值观”是怎么来的，其实是英文的词翻译过来的，“核心使命”也是英文翻译过来的。当“翻译”的人都是“书生”，翻译成“核心价值”可能在中文里面不顺口，觉得加一个“观”好，核心价值观念、核心价值观点，因为“书生”通常会觉得这仅仅是一个“观点”。但多了一个“观”，给中国人的感觉就是说在嘴上、挂在墙上、写在纸上忽悠别人的，“观点”就是给他人说的，自己可以做也可以不做。

今年，香港特首竞选，三个候选人，主要的是两个，一个叫梁振英，一个叫唐英年，开始多数人是支持唐英年的，唐英年有些问题被人家给披露出来了，后来又支持梁振英，最后梁振英当选。你看他们的用词，包括李嘉诚也曾出来力挺唐英年，他们在区别两个特首人选的时候，特别关注一个点，就是说唐英年和梁振英是否会贯彻香港这么多年成功的核心因素，长期成功的核心因素就是核心价值，香港的核心价值是“自由 法治”。李嘉诚说唐英年更能够贯彻香港的核心价值，而梁振英他不确定，所以李嘉诚支持唐英年，我注意到李嘉诚和香港报纸用的是“核心价值”而没用“核心价值观”。

其实，“核心价值”也可以倒过来说叫“价值核心”，也就是对取得长期成功最有价值的核心因素。“核心价值”的意义比“核心价值观”大在什么地方呢？可以让我们认识到拥有现金、设备、厂房等资产很重要，但最重要的是我们拥有“顾客第一 服务他人 诚信 创新”的核心价值，如果我们做到这十二个字，我们一定会拥有更多的资产、更多的销售收入、更多的利润；如果我们做不到，这些资产早晚会赔掉。

所以，“核心价值”和“核心价值观”是从根本上就不一样的，“观”是观点，是说的、是忽悠的、是宣传的，可做也可不做的，核心价值是我们必须做到的，是我们每个公司、每个人长期成功的核心因素。为什么加“核心”两个字呢？因为“核心”相当于“树根”，强调其他都由此而推导出来！像香港的核心价值“自由法治”推导出很多相匹配的香港的法律、制度。同样我们的“顾客第一 服务他人 诚信 创新”推导出很多我们的具体动作，把其中的高效动作固定下来就变成了高效制度，有了高效制度就可以让更多的人自动遵循制度产生更多的高效动作。

总之，不在于你现在有多少钱，有多少钱没有核心价值，不长期、一贯、一致地坚持变成动作也早晚会赔掉。这么多年我看到有钱人变成穷光蛋的多了，没钱人变成有钱人最后又没钱的人也多了。公司的核心价值就是公司长期成功的核心因素，每个人长期成功的核心因素也是每个人的核心价值，如果我们每个人都真心信仰我们的核心价值，都真正把我们的核心价值变成动作、变成业绩，那我们每个人都一定会拥有越来越多的物质财富。“核心价值”比“核心价值观”更有动作的紧迫感，更强调将理念变成动作、变成业绩。所以，要多用“核心价值”。例如，2011 年 12 月 31 日司歌《中证万融等着你》发表之前的短文，我用的都是“核心价值观”；司歌及之后的短文我用的都是“核心价值”。当然，因为习惯的原因，也可用“核心价值观”表达和“核心价值”同样的意思。

2012 年 11 月 7 日

业绩 业绩 业绩

第一个“业绩”是业绩说话。我们每个人在中证万融都要拿业绩说话，你做成了什么业绩、你创造了什么业绩、你拥有了什么业绩，有业绩就有地位、就有话语权，没有业绩就没有地位、就没有话语权。不能让没有业绩的人天天对有业绩的人指手划脚，可以给人家提建议，但是人家有业绩的人愿意听就听，不愿意听就不听。你有业绩了，你的地位就高了，你的话语权就大了，你就会被提拔重用，你说话别人就会听，这是我们整个集团衡量任何一个人唯一的一把尺子，不存在谁和我关系好、谁和我关系近，我就照顾谁。沃华人跟了我十年了，我对他们的要求会更多、标准会更高，这把尺子衡量的时候会更严格。

第二个“业绩”是业绩证明。当你说你自己好的时候，你说你比别人强的时候，你说你应该得奖金的时候，你说你应该被提拔的时候，你要拿出你的业绩记录来，要硬碰硬的记录，这个记录是大家公认的、客观的、透明的，不是自己说的，你自己说的再好、再动听，人家心里也不会认同、不会信服你，所以要主动披露自己的业绩记录，如实披露自己的业绩记录。中证万融不允许忽悠、不允许说假话、不允许说套话、不允许说空话，这都是成本，这都是费用，这都是浪费，都不符合每个公司“核心战略”中“在不断加宽加深‘护城河’的前提下追求利润最大化”的战略目标。

第三个“业绩”是业绩衡量。我们让谁担任更重要的职务、管更多的人、管更多的事、管更大的业务、担更大的责任，不是因为他和哪个领导好，不是因为他会拍哪个领导的“马屁”，一定是拿业绩记录去衡量、去给所有人排队。业绩记录越靠前的就会得到越多的重用，得到越高的职务，得到越多的奖金，我和你的关系也会更加近，也会更加好，没有业绩记录的我会敬而远之，所以我和谁近、和谁远的唯一标准也是拿业绩衡量。

为什么要画三个圈呢？我们要的业绩不是“压货”的业绩，不是做“假流向”的业绩，不是“做假账”的业绩，不是“骗人”骗来的业绩，不是做“坏事”搞来的业绩。我们要的是在“三核心一治理”及衍生制度内的业绩，在这以外的业绩我们一概不要。我们不干违法的事情，不干缺德的事情，所有通过违法手段赚的钱，通过干缺德事赚的钱，我们不要、我们不做，赚多少钱我们都不干，白给我们都不要！这三个圈就是边界，这个边界是牢不可破的，任何人不能触犯，任何人触犯都要严惩，如果证据确凿就一分钟把他开除，要毫不客气。在边界以内的要包容、包容再包容，允许人家犯错误，因为他是好心，是在“三核心一治理”及衍生制度内办事的，但是能力有限犯了一些错误，就当我们给他交学费，还要培养他、让他继续做。学费交了可能他下次就做的更好了，就会少交点学费，重复多次他就会越来越聪明，业绩就会越来越大。

总之，只有在“三核心一治理”及衍生制度内业绩说话、业绩证明、业绩衡量，并且长期、一贯、一致地坚决贯彻到底，我们的业绩就会像这三个圈一样越来越大，而且一定是可持续的。否则的话，就是业绩再大也是暂时的，因为违反了“三核心一治理”及衍生制度，做“偷鸡摸狗”等“坏事”搞出来的业绩是长不了的，早晚有一天会出事的，这样的事情中证万融是坚决不干的！

2012 年 12 月 7 日

论公司、营销平台核心战略

依《有效动作论》名词解释第三条："核心战略服务核心使命与核心价值，选择长期不变地做什么不做什么，是组织必须集中所有资源不断强化自己的有效模式"。中证万融一切动作都要服务和服从公理，即核心使命与核心价值，两者分别是制定核心战略的最高目标和边界条件。核心战略是定理，是从公理推导出来的可持续盈利模式，正确与否决定成败。定理既要比公理更具体，明确在很长时期内做什么不做什么；又不能太具体，要给团队留有足够的自主发挥的空间。因此，制定正确的公司、营销平台核心战略极为重要，一定要反复征求团队意见，深思熟虑后才能决定。一旦找到并确定了适合自己的有效模式，就必须长期、一贯、一致地集中所有资源，一字不差地坚决执行到底，不把动作、业绩做到极致绝不罢休！核心战略是经营管理动作的聚焦点，每一条、每一句、每一字都非常重要，都要成为考核点和奖惩点。

为便于理解、动作，核心战略要简单易记，让每个人都能通过核心战略清楚地知道自己能做什么不能做什么，使每个人都可以大大减少时间和精力的浪费。如果我们真正做到了这一点，同样的人、时间和资源就可以创造更大、更可持续的业绩。

结合团队意见，公司、营销平台核心战略又做了一些顺序和文字的调整，但主要内容没变，只是文字表述得更准确了。依《有效动作论》前言：“理念的权威绝对大于任何人的权威，包括我；也绝对大于任何利益，包括利润”，理念应作为战略第一条；依《有效动作论》P001“先人后事”，团队应作为战略第二条。因此，核心战略五条内容先后顺序改为理念、团队、产品、策略、目标。核心战略修改后，公司与营销平台核心战略第一、二条是完全一样的，第三、四、五条侧重点有所不同，公司侧重点用横线标注，营销平台侧重点用括号标注，

第三、四、五条中非标注部分是完全一样的。

以下黑体字、非黑体字分别为核心战略五条内容及释义，请大家提出真实反馈意见。

一、长期、一贯、一致践行《有效动作论》，人人熟练使用表录群会，人人公开透明四类动作，人人积累重复高效动作，创造可持续卓越业绩。

释义：中证万融550多位经理每周有效动作录的“真实记录”，才使我有了源源不断的写作灵感，才有了《有效动作论》，从根本上讲，这本书的理念是团队的，而不是我个人的，最多只能说是我写的，所以，践行《有效动作论》就是践行我们团队自己的高效动作理念。中证万融的每个人，包括总裁、副总裁、总经理、厂长、总监、经理、销售代表、工人等，都要熟练使用表录群会，都要通过表录群会公开透明自己的四类动作，也都要从自己和他人的四类动作中积累重复高效动作。只要岗位高效动作积累到多数人达成共识的程度，就有必要总结提炼出相应岗位高效制度。各级经理要依《有效动作论》理念及衍生制度领导团队，使团队每个人都能取得比在别的任何公司工作更辉煌的业绩。

著名管理学之父彼得·德鲁克在《管理：任务、责任和实践》中说："古往今来，有许多伟大的企业创始人，例如IBM创始人托马斯·沃森等，他们都各有一套有关本企业的明确观念和理论，从而引导其决策与行动。真正成功的企业家，都必有一套明确、简单又深刻的理论，并非仅凭直觉来经营。唯有如此，他们所建立的企业才可能永存于世"。虽然，我们既不成功也更够不上伟大，但十年的实践证明，《有效动作论》是一套简单、实用的理论，人人可以很快记住书中最重要的288字，人人可以马上理解288字中最重要的23字，即11字核心使命和12字核心价值，确实能够有效地引导我们的决策和动作。我坚信，只要我们长期、一贯、一致地践行，就一定能创造可持续卓越业绩。

二、先人后事，吸引、服务和成就有杰出信誉和业绩记录的人，建设高效动作团队。

释义：各级经理的首要职责是依《有效动作论》选人用人、服务他人，既要想方设法吸引外部的有杰出信誉和业绩记录的人，又要想方设法服务和成就内部的依《有效动作论》做出杰出信誉和业绩记录的人，吸引、服务和成就他人的业绩是衡量经理业绩的首要标准。团队每个人的成功都是经理的成功，团队任何人的失败都是经理的失败。建设一支依《有效动作论》高效动作的团队是每个经理最大的业绩，比个人任何其他业绩都更应该得到奖励和重用！

彼得·德鲁克在《旁观者》中提到，自己参加通用高层会议几年后才意识到，其实通用高层多半时间用在选人用人的决策上，他曾问通用CEO斯隆："你不觉得花4个小时讨论这么小的一个人事任命问题太浪费时间吗?"斯隆回答："如果我们不花上4个小时来讨论一个职位安排，并找到最合适的人来担任这个职位，我们以后就得花上400个小时来收拾烂摊子。"相比之下，我们的总服会、财服会、经服会花在选人用人上的时间太少了，既然《有效动作论》首篇文章就谈"先人后事"，那么我们就要说到做到，把更多的时间用到"安排合适的人坐在合适的位置上"。

三、依托公司（营销平台）现有独家产品成功研发生产（营销）所形成的知识产权（规模优势）和独特资源，研发和收购（搭载和做大）越来越多相关独家产品，构筑无以伦比独家产品线。

释义：我们已经拥有了数十个独家产品，我们还要长期、一贯、一致地研发、收购和做大更多的相关独家产品。到2020年，至少要拥有100个独家产品；到2030年，至少要拥有200个独家产品。要形成知识产权保护的“串联电路”，尽最大可能延长独家产品专利保护期，法律保护构成的“护城河”最宽。每个营销平台都要以自己的业绩从各公司吸引相关独家产品，仅拥有少数几个独家产品是没有竞争力的，只有搭载和做大更多相关独家产品，构筑无以伦比独家产品线，营销平台才能形成独特竞争优势。

四、确保依法经营，确保资产安全，确保产品质量（医患满意），确保资格价格，确保政府支持，确保成本优势（独家产品定价权）。

释义：中证万融绝不赚违法的钱，绝不做违法的事，一切动作必须始终依法进行。资产安全、产品质量、医患满意、资格价格、政府支持是我们的生命线，各级经理要高度重视，常抓不懈，确保万无一失！公司要通过管理、技术创新，提高生产效率，降低成本。营销平台要充分利用独家产品定价权优势，通过经营创新，提升费用使用效率，更快做大销售收入。独家产品绝不用贴牌、总代等短线销售方式，确保独家产品定价权“护城河”完好无损、永不丧失！

五、边发展，边规范，资源共享，协同增效，在不断加宽加深“护城河”的前提下，追求利润最大化（确定费用下销售收入最大化），打造独家产品所属治疗领域第一品牌。

释义：战略 = 核心战略 + 非核心战略，我们的普药等非独家产品都是搭收购独家产品的“便车”而来的，普药的生产、营销属于非核心战略，只有搭核心战略的“便车”才能得到更多的资源，也只有搭核心战略的“便车”才使我们在普药市场竞争中拥有独特性。非核心战略必须服务和服从核心战略，只有主动与核心战略实现资源共享、协同增效，才能有生存和发展的空间。所以，我们的普药在各环节都要服务和服从独家产品，只有和独家产品实现资源共享、协同增效，才能有更大的发展。当然，独家产品之间各环节的资源共享、协同增效空间更大，更能创造价值，也更为重要，要特别重视！

利润 = 收入 – 成本 – 费用，公司是利润中心，营销平台是收入中心，要使利润最大化，就要使收入最大化，同时还要使成本、费用最小化。公司直接负责营销外的成本、费用最小化，委托营销平台负责在确定费用下使销售收入最大化。“确定费用”指营销平台的主要任务不是少花费用，而是把费用花出最大效率，用“确定费用”创造最大销售收入才是主要的。当然，费用实在花不出去，也不能乱花，节省费用也是要奖励的。如果不断加宽加深知识产权、定价权等“护城河”和利润、收入最大化发生冲突，我们一定要优先分配资源给加宽加深“护城河”。和普药公司不得不突出公司品牌不同，拥有无以伦比独家产品线的公司最要打造的是独家产品品牌。盲目地提升公司、营销平台品牌是没有意义的，除非为了提升旗下独家产品品牌。我们必须牢记，把每个独家产品打造成为其所属治疗领域第一品牌才是我们的核心战略目标。

2013 年 3 月 7 日

总服会、财服会与经服会

高层管理工作需要多方面知识、经验和技能，集综合性、复杂性、多变性与挑战性于一身，要对业绩负全部责任。应至少由一个理念相同、优势互补的团队担当，而不是由一个强人决定一切。中证万融由总裁服务会（总服会）全权负责集团经营管理，对执行集团六句话核心战略产生的业绩负责，总服会由总裁、常务副总裁、副总裁为法定组成人员。投资财务人事行政服务会（财服会）协助总服会对业绩负责，同时对实现可持续业绩所需要的制度建设和执行负责，确保中证万融在《有效动作论》理念及衍生制度边界内创造卓越业绩，财服会由常务副总裁、投资中心总监、财务中心总监、人事行政中心总监为法定组成人员。总服会、财服会分别实行

“三要素四循环”制度下的总裁、常务副总裁负责制，总服会也称“业绩会”，财服会也称“制度会”。业绩是企业生存之根本，没有好业绩现在就会没饭吃；制度是持续发展之基石，没有好制度将来就会没饭吃。中证万融集团实行“业绩会”为主、“制度会”为辅的双团队高层管理体制。

集团所属各公司、营销平台总经理服务会（经服会）全权负责本公司、营销平台经营管理，对执行公司、营销平台五条核心战略所产生的业绩负责。各公司经服会一般由总经理、营销总监、工厂厂长、研发总监、财务总监、人事行政总监为法定组成人员，各营销平台经服会一般由总经理、销售总监、市场总监、商务总监、财务总监、人事行政总监为法定组成人员。各公司、营销平台经服会均实行“三要素四循环”制度下的总经理负责制。

总服会、财服会与经服会的职责是执行核心战略、创造卓越业绩。董事会以核心战略为标准，对法定组成人员进行考核、奖惩。总裁、常务副总裁、总经理分别对总服会、财服会、经服会的业绩负有 100% 的责任，其他法定组成人员每人也都各自负有 80% 的责任。

为了服务会卓有成效，请法定组成人员一定要做到以下五条：一、在实现核心战略中遇到的大事、要事、难事，要充分讨论、辩论，甚至激烈争吵，在收集到足够的不同意见之前，宁可暂不做决策。二、在服务会内，为了业绩大家可以吵得天翻地覆；在服务会外，绝不允许发表任何和服务会决策不同的意见，要保持动作上的高度一致。大家可以相互不喜欢，但要相互尊重，不能相互干扰，绝不允许相互拆台。三、要“先人后事”，把更多的时间花在吸引（招聘）、服务（培训）、成就（选人用人）人上来。没有总服会、财服会充分讨论，不能任免高管、候补高管；没有经服会充分讨论，不能任免其他人员，包括普通员工。四、在突发紧急、危机事件时，要第一时间赶赴一线，迅速了解事实真相，果断采取应对措施。可在事后向服务会通报情况，总结四类动作。五、根据服务会讨论内容的需要，可随时请有关人员列席会议，列席人员和法定组成人员有同等发言权，但对决策结果不承担责任，而法定组成人员必须对服务会所有决策结果承担100%或80%的责任。

2013年4月7日

核心理念、核心战略与考核奖惩

狐狸比刺猬聪明，很有谋略和技巧，也非常勤奋和主动，却屡战屡败，因为狐狸的思维是分散的、不集中的、不连贯的。而刺猬只知道一件大事，就是长期、一贯、一致地培育自己无以伦比的“刺”，却屡战屡胜。因为刺猬能把复杂世界简化为一个非常简单又切中要害的理念，发挥统领全局的作用。刺猬绝不是傻瓜，他拥有穿透性的洞察力，能集中所有资源不断强化自己行之有效的核心理念，同时肯彻底放弃与此无关的所有事项，不浪费任何资源。因此，再狡猾的狐狸也永远没有机会打败刺猬！

中证万融是刺猬不是狐狸，统领我们全局的不是董事长，而是核心理念，即 11 字核心使命和 12 字核心价值，两者也分别是制定核心战略的最高目标和边界条件。核心战略是从核心理念推导出来的可持续盈利模式，一旦找到并确定了适合自己的有效模式，就必须长期、一贯、一致地集中所有资源，一字不差地坚决执行到底，不把动作、业绩做到极致绝不罢休。只要把核心战略做到极致并创造卓越业绩，就像刺猬拥有了无以伦比的“刺”，我们也一定会屡战屡胜！

其实，无论怎样强调核心理念、核心战略对一个组织的极端重要性都不为过。但如果不能切实做到以践行核心理念、核心战略所产生的业绩为标准，对组织内的所有人进行公开透明地考核和奖惩，那么，最终我们得到的恐怕是表面附和而不是真正践行。当领导时间长了都会过度自信、自我膨胀，甚至自以为是，以为自己说什么下属就会做什么，自己重视的下属也一定会重视，这些都是下属“拍马屁”水平越来越高而使领导产生的“错觉”。说了不考核，说了也白说；考核了不奖惩，考了也白考。而且还要公开透明，否则谁都不服气。所以，只有以核心理念、核心战略为标准进行公开透明地考核和奖惩，并长期、一贯、一致地做下去，我们才能长出中证万融无以伦比的“刺”！

2013 年 5 月 7 日

理念模子、动作技能与卓越业绩

理念模子是培养穿透性洞察力、使理想信念动作化、业绩化的模子。长期、一贯、一致地践行和感悟理念模子，就能像刺猬一样培育出自己无以伦比的“刺”。

《有效动作论》就是一个经过二十多年检验，并有信誉和业绩记录证明的理念模子。理想对应书中的核心使命，信念对应书中的核心价值，书中的其他内容都是将理想信念动作化、业绩化的工具，而“表录群会”是人人马上能做到的四个最实用的基本工具。

理念模子是制定制度流程的来源、基础和依据，并在制度流程的边界内和边界不明确的地方引导我们的一切动作。理念模子约束灵魂、管理动作方向，制度流程约束行为、管理动作技能。参照《有效动作论》关于四类动作的分类标准，动作技能可定义为按制度流程创造并重复高效动作的技术能力。《沃华人》128 期《论公司、营销平台核心战略》一文中，核心战略第一条第一句话是“长期、一贯、一致践行《有效动作论》”，目的就是要逐步进入理念模子；第二句话是“人人熟练使用表录群会”，目的就是要不断提升动作技能。

理念模子相当于汽车的“方向盘”和“发动机”，动作技能相当于汽车的“其他部分”，“表录群会”相当于“其他部分”中的四个“车轮”，卓越的业绩相当于汽车高度安全、速度飞快、寿命极长。但再卓越的业绩也没有超越自身利益，而核心使命才是我们超越自身利益、永恒不变的最高追求。就像汽车再棒，也不过是个“交通工具”，而尽快到达目的地才是汽车的根本任务。

总之，进入理念模子、提升动作技能、创造卓越业绩，即“入模子、升技能、创业绩”，才能实现核心使命这个永恒不变的最高追求！

2013 年 6 月 7 日

为什么要“确保依法经营”

中证万融所属各公司、营销平台核心战略第四条第一句话是“确保依法经营”，核心战略的每一条、每一句、每一字都是我们考核和奖惩的标准。“确保”指“确实保证做到”，“依法经营”指“依照法律经营企业”。各公司、各营销平台要在动作上“确实保证做到依照法律经营企业”。

中证万融永恒不变的最高追求是超越于自身利益之上的核心使命，而不是局限于自身利益的利润。利润仅是我们践行核心使命所带来的副产品。我们践行得越好，利润就会越大；利润越大，我们也会践行得越好。依法经营是实现核心使命的安全保障，核心使命大于利润，依法经营重于利润。换句话说，利润的合法性重于利润大小。中证万融可以少赚钱，甚至不赚钱，但绝不可以赚违法的钱。只有在动作前确实保证了解清楚国家法律的相关规定，才能真正做到这一点。当然，中国市场经济还处于初级阶段，市场自身就有很多不完善、不规范的地方，给市场中每个企业的经营都带来了挑战，我们自然也不例外。但不管困难有多大，犯法的事我们坚决不做。对于行业中普遍存在的一些不规范、不犯法的习惯作法，我们也一定要做到比同行业其他企业更规范。

与核心战略第四条第一句话最有密切关系的是第五句话“确保政府支持”。目前中证万融确实做到了依法经营，而且还创造了大量的就业和税收。能否让政府有关领导真正了解我们是政府能否支持我们的关键。从现在开始，各公司、各营销平台有必要定时、定点、定人、制度化地开展“领导看公司”活动，邀请政府有关领导到各单位参观指导，年年重复举行，除了请到本单位外，还可请到集团内其他兄弟单位。总服会、财服会与经服会成员要花足够时间热情接待、如实汇报、虚心学习。

总之，一方面，我们要在国家法律、《有效动作论》理念及衍生制度规定的边界内给员工最充分的自主权；

另一方面，我们要对任何违反上述规定的动作严厉惩罚。同时，除了不到 1% 的极少数商业机密外，我们要对员工、政府、社会最大限度地公开透明，主动接受监督指导，增加相互了解信任。我们的目的是要把企业从“个人治企”逐步过渡到“依国家法律、《有效动作论》理念及衍生制度治企”，使企业从“人治”到“法治”、“理治”，只有这样，企业才有可持续性。

2013 年 7 月 7 日

为什么要“信誉和业绩记录”

中证万融所属各公司、营销平台核心战略第二条第二句话是“吸引、服务和成就有杰出信誉和业绩记录的人”，“吸引”比“招聘”更能体现“顾客第一”，“服务和成就”比“培养和重用”更能体现“服务他人”。这句话也很好地呼应和匹配了第一句话“先人后事”，即做任何事前都要先“吸引”人、“吸引”对的人，做任何事时都要把“服务和成就”人贯彻始终。核心战略每一条、每一句、每一字都是我们考核和奖惩的标准。

说“先人后事”这四个字很容易，但要做出“先人后事”的高效动作却很不容易，特别是在“选人”的动作上。需要找到一个根本且简单的公式，并长期重复，才有可能在不断认错、改错中做出越来越多“选人”的高效动作。说自己有“信誉”的人很多很多，几乎没听到谁说自己没“信誉”，但真正有“信誉”的人并不很多，尤其是在中国，由于处于社会主义初级阶段，很多人既没有理念做灵魂约束，也没有法律做动作约束，导致有“信誉”的人更少。当然，“更少”在经济学上意味着“稀缺”，“信誉”的“稀缺”反而导致“信誉”在中国更值钱！那么，如何鉴别谁有“信誉”呢？关键是要看一个人“做”过什么而不是“说”过什么，尤其是要下大工夫查看一个人“做”过什么的“记录”。在中证万融，就是看每个人在有效动作表录群会中的“记录”，是否长期、一贯和《有效动作论》保持一致。如果说“信誉”是指“做”的一致性“记录”，“做”其实就是“动作”，那么“业绩”就是指“结果”的好坏“记录”。我们在下大工夫查看“业绩记录”时要重点关注三个方面：“业绩”是否和理念、动作有一致性？“业绩”是否在中证万融同岗位均值以上？“业绩”是否在同行业同岗位均值以上？

在中证万融 288 字中，选人公式 = （信誉记录 + 业绩记录）^{N年}，这个根本且简单的公式告诉我们，选人就要选有 N 年“信誉和业绩记录”的人，而且 N 越大越好，这样的人才称得上“杰出”，才值得我们“吸引、服务和成就”。

2013 年 8 月 7 日

为什么要“独家产品线”

中证万融所属各公司、营销平台核心战略第三条第三句话是“构筑无以伦比独家产品线”。中证万融已经拥有了数十个独家产品，还要长期、一贯、一致地研发和收购更多。到 2020 年，至少要拥有 100 个；到 2030 年，至少要拥有 200 个。把独家产品做到极致，让我们的独家产品线无以伦比！核心战略每一条、每一句、每一字都是我们考核和奖惩的标准。

中证万融永恒不变的最高追求是超越于自身利益之上的核心使命，即“为人类健康创造卓越价值”，这也是中证万融存在的根本目的。只有把独家产品从疗效、质量、安全性到使用量都做到最好、做到极致，让我们的每个独家产品都成为公认的极品，核心使命才不是空谈！根据中国药品管理的法律和规定，制定正确的知识产权保护战略，把独家产品各类专利保护从时间段上“串联”起来，可以对独家产品做到至少 20 年的独一无二性法律保护。确保我们有时间有财力持续加大技术、工艺等各方面投入，把独家产品做成公认的极品。只要我们真正做到这一点，社会大众就绝不会亏待我们，利润必然会随之而来。

中证万融人做任何事之前都要时刻牢记“先人后事”，独家产品这件事也不例外，能否吸引到真正能做好这件事的人至关重要。目前的医药人才市场，仅有几个独家产品根本吸引不住杰出的人，至少要拥有几十个独家产品构筑成产品线才有可能。独家产品因为独一无二，比普药这类多家产品开拓市场困难大得多，不是杰出人才根本不可能成功。但独家产品一旦被市场所公认，做到数亿销售规模，就会形成不可模仿的强大增长惯性，这就是我们常说的“飞轮效应”。杰出人才会被理念、舞台、薪酬和“飞轮效应”牢牢地“粘”住，“赶”都“赶”不走，只有“傻瓜”才会走。

其实，无以伦比独家产品线只是吸引杰出人才的“硬件”，再好的“硬件”没有好的匹配的“软件”支撑也是没用的，我们的配套“软件”就是《有效动作论》理念及衍生制度，这套“软件”在中证万融已经有二十多年的使用历史，其信誉、业绩记录证明是行之有效的。在“软件”边界内，我们要以最大包容心给员工充分自主权；同时，对任何触犯“软件”边界的人，我们要不惜任何代价给予严厉惩罚，时刻维护“软件”至高无上的权威。不论是“充分自主权”还是“严厉惩罚”，都要把过程和结果通过表录群会公开透明。像电脑一样，“硬件”和“软件”缺一不可，相辅相成，相得益彰。

在中证万融 288 字中，收购公式 =（独家产品 + 合理价格）×一致性。不论是收购独家产品，还是收购拥有独家产品的企业，这个根本且简单的公式都有重要指导意义。“一致性”是指被收购方信誉和业绩记录和中证万融“软件”的一致程度。“一致性”越高，收购风险越低，收购后整合难度越小，可以承受的收购价格越高。没有“一致性”，价格再低也坚决不收。我相信，只要我们长期、一贯、一致地重复践行这个公式，构筑中证万融无以伦比独家产品线这个战略目标就一定能早日实现。

2013 年 9 月 7 日

为什么要“护城河”

中证万融所属各公司、营销平台核心战略第五条，即最后一条第五、六句话是“在不断加宽加深‘护城河’的前提下，追求利润最大化（确定费用下销售收入最大化）”。如果不断加宽加深专利权、定价权等“护城河”和利润、收入最大化发生冲突，我们一定要优先分配资源给“护城河”。利润 = 收入 − 成本 − 费用，在中证万融，公司是利润中心，营销平台是收入中心，要使利润最大化，就要使收入最大化，同时还要使成本、费用最小化。公司直接负责营销外的成本、费用最小化，委托营销平台负责确定费用下销售收入最大化。一个独家品种只能委托一个营销平台，多个独家品种可以委托一个或多个营销平台，具体由追求利润最大化的公司和追求收入最大化的营销平台双向选择。核心战略每一条、每一句、每一字都是我们考核和奖惩的标准。

护城河亦称壕，是古代由人工挖掘，环绕皇宫、寺院、城堡等重要建筑的河，可防止敌人入侵。企业“护城河”是企业竞争对手难以模仿和超越的独特竞争优势。例如，专利权、定价权、无以伦比独家产品线、高效动作习惯等，是使企业卓越业绩可持续时间不断延长的根本保障。

独家产品线的“无以伦比度”相当于“护城河”的“宽度”。拥有的独家产品越多，各产品从研发、生产到营销各环节资源共享、协同增效的空间就越大，利润、收入最大化就越容易实现，竞争对手就越难以模仿和超越，我们的“护城河”就越宽。

动作习惯的“高效度”相当于“护城河”的“深度”。理念仅仅写在纸上、说在嘴上、挂在墙上是“空谈”，只有先成为动作，再成为能创造卓越业绩的高效动作才是“实干”。《有效动作论》变成动作越多，动作中高效动作越多，高效动作中习惯动作越多，我们的“护城河”就越深。“飞轮效应”的惯性就是习惯，习惯力量巨大，改变习惯极难。文化和理念不同，文化是指已经成为动作习惯的理念。卓越文化是指已经成为高效动作习惯的理念，是“实干”的积淀而不是“空谈”的堆积！

所以，只有不断加宽加深“护城河”，最大化的利润和销售收入才有可能最大限度地延长可持续时间，基业长青才能由空想变成现实！

2013 年 10 月 7 日

为什么要“表录群会”

中证万融所属各公司、营销平台核心战略第一条第二、三、四句话是：“人人熟练使用表录群会，人人公开透明四类动作，人人积累重复高效动作。”“表”是关于“四类动作”的思维范式，“录”是关于“四类动作”的真实记录，“群”是关于“四类动作”的每时每刻“直通车”，“会”是关于“四类动作”的每年每月“嘉年华”。“熟练使用”是指按“表”的思维范式，每周每日写“录”，每时每刻上“群”，每年每月参“会”。核心战略每一条、每一句、每一字都是我们考核和奖惩的标准。

熟练使用“表录群会”是公开透明“四类动作”的

前提和基础。“四类动作”是指错误动作、无效动作、低效动作、高效动作。“错误动作”不符合《有效动作论》理念，即使业绩 > 0 也不能做；“无效动作”符合《有效动作论》理念，业绩≤0；“低效动作”符合《有效动作论》理念，0 < 业绩≤均值；“高效动作”符合《有效动作论》理念，业绩 > 均值。“均值”是同一岗位所有人在同一动作上所产生业绩的平均值。一切不好的都怕公开透明，而一切好的都不怕公开透明。公开透明“四类动作”早晚会使好的更好、不好的变好或消失。有人说：“谣言止于智者，”我要说：“谣言止于公开透明。”事实上，不仅谣言谎言止于公开透明，任人唯亲、弄虚作假、贪污腐败等恶习都会止于公开透明。中证万融 99% 的事都要即时公开透明，剩下 1% 的商业秘密也要在以后适时公开透明。

利用“表录群会”公开透明“四类动作”至少有三个好处：一、促进团队成员相互分享、相互借鉴、相互模仿和相互配合，有利于更好地决策、执行和监督。二、根据“表录群会”的记录，公开透明地把全部动作按“四类动作”标准分类反思，进行实实在在的事后分析，只对事不对人，切忌指责人，有利于使残酷事实被勇敢面对，让真理被迅速接受。三、加快高效动作积累，使公认的高效动作尽快固定化、逻辑化、文字化并形成制度。用制度确保高效动作被更多人长期、一贯、一致地重复，有利于更快养成高效动作习惯，形成卓越文化。高效制度让平凡的人变伟大，错误制度让伟大的人变平凡。

核心战略第一条有五句话，但有六个“人”字，强调人人都必须做到！“人人”指人人平等、无人例外，包括总裁、总经理、总监、经理、销售、工人、司机等每个中证万融人。“表录群会”是提升有效动作、创造卓越业绩的四个基本工具，熟练使用是合格的中证万融人的根本标志。每个中证万融人都熟练使用“表录群会”既是实现核心战略第一条其他四句话，也是实现核心战略其他四条的根本保障！

2013 年 11 月 7 日

“总抓手”：“三要素四循环”

重读2012年10月7日《论“三要素四循环”》一文，对比过去一年两个月来总服会、财服会、经服会及各部门服务会记录，深受触动，只有少数单位认真执行了“三要素四循环”服务会制度，大多数单位执行不到位，这恐怕也是大多数单位业绩未达预算目标的原因之一吧。“三要素”指从集团、公司、平台、中心、工厂、部，到大区、车间、办事处、班组等都要定时、定点、定人召开服务会，而不是一把手个人随心所欲，想开就开，不想开就不开。“四循环”指各级服务会一把手要按一倾听、二讨论、三决策、四动作循环表每日或每周循环召开服务会，次日或次周循环服务会必须先检讨上次会议决策的动作循环表落实情况，在有效动作“表录群会”中分享，会议记录也要及时对团队成员公开透明。只要“三要素四循环”成为习惯，我们就有了提升有效动作、创造卓越业绩的独门利器，这个习惯既是“假大空”的“检测器”，又是“四类动作”的“数据库”，更是“理念—动作—业绩”的“总抓手”。

一、“假大空”“检测器”：当前中国社会有“三多”，假话多、大话多、空话多。决策难免受“三多”误导，大事、难事、新事、急事随之增多。定时、定点、定人由各单位一把手主持服务会，不论假话、大话还是空话，一把手先暂当真话耐心倾听，再组织团队讨论、争论、辩论，最后由一把手以《有效动作论》理念及衍生制度为标准进行决策，和一把手决策结果不同的意见要详细记录存档，以便今后进行事后分析。所有决策都要落实到动作循环表上，包括动作目标、动作责任人、动作完成时间等都要在表上明确。下次服务会必须跟踪检讨动作目标完成情况，分析达成或没有达成目标的原因，要一直跟踪检讨到产生满意业绩为止。“假大空”循环下去早晚会露馅，决策可能被误导一时，但绝不会被误导一世。“三要素四循环”一旦形成习惯，就是“假大空”的最佳“检测器”。

二、“四类动作”“数据库”：每日或每周不断循环跟踪检讨动作循环表上业绩，并根据“有效动作表”中“四类动作”标准将全部动作分类，进行实实在在的事后分析，形成“四类动作”及事后分析“数据库”，通过“表录群会”公开透明，让全集团资源共享、协同增效。

三、“理念—动作—业绩”“总抓手”：《有效动作论》理念变动作、动作变业绩要有着力点、切入点、突破口，“三要素四循环”习惯就是最好的着力点、切入点、突破口，类似“门把手”在门上的作用，我们不妨叫“总抓手”。“检测器”、“数据库”会让大家越来越聪明，决策的成功率必然会越来越高，大事、难事、新事、急事会随之减少。“总抓手”的落脚点是“动作循环表”，落实点是“循环”，而且要不断地“循环”，周期性地“循环”，要把“循环”进行到底，不实现满意业绩绝不罢休！

总之，“三要素四循环”习惯不仅是“检测器”、“数据库”，更重要的还是理念变动作、动作变业绩的“总抓手”。

2013年12月7日

发动机 110100

发动机是一种能够把其他形式的能转化为机械能的机器，是产生动力的装置。和飞机、汽车相比，发动机体积很小，但却是飞机、汽车等机械的动力，起着“四两拨千斤”的作用。那么，推动中证万融 2014 年业绩强劲增长的发动机是什么？2014 年我们重点抓什么，能起到像发动机一样“四两拨千斤”般带动全局的作用？

“发动机 110100”就是中证万融 2014 年必须集中力量抓住抓好抓到底的三个发动机，其中“发动机 1”是主发动机。“发动机 1”：1 个“总抓手”——三要素四循环，从集团、公司、平台到办事处、班组，一抓到底，全年抓！一周不循环扣“一把手”月薪 5%。如果说，

《有效动作论》相当于“门”，那么，“总抓手”就相当于“门把手”，“门”若没有“门把手”，我们天天进出门、使用门就会不方便、很麻烦、难践行。所以，“总抓手”就像“门把手”一样，是践行《有效动作论》的不起眼的强大工具，也是把任何事抓住抓好抓到底的强大工具。“发动机10”：10个集团标杆，每年全集团数千人公开透明公选10个“践行—卓越奖”获奖者，即长期、一贯、一致践行《有效动作论》，在表录群会有3年以上卓越信誉和业绩记录的10人。把他们的高效动作、而不是所有动作作为集团标杆学全年，用“总抓手”复制到全集团。各公司、各营销平台每年的“中证万融人”获奖者高效动作也要用“总抓手”在本单位复制。“发动机100”：100项资源共享，每年在全集团公开透明选出能最大限度资源共享的项目100个。因为集团所属各公司、各营销平台的核心战略完全一样，所以，资源共享、协同增效的空间巨大。不论是对团队还是对个人，资源共享就是相互“搭便车”，对参与各方创造卓越业绩只有好处、没有坏处，何乐而不为呢？恐怕只有有私心、想拿“回扣”的人才不愿“搭便车”。资源共享100项也要用“总抓手”抓全年、抓到底。

总之，“发动机 110100”抓住抓好抓到底了，其他一切工作就都带动起来了，践行《有效动作论》也就制度化了，可持续的业绩强劲增长必然随之而来！

2014 年 2 月 7 日

检测器

检测器又称鉴定器，用于区分、记录或指示环境中某一变量的变化，如温度、电荷、辐射等。对检测器的要求是灵敏度高、响应速度快，对不同变量的响应有规律性及可预测性。不论在工作和生活中，人们最常遇到的变量是假话、大话、空话，在中国，即使是非常聪明老练的人，上当受骗也是经常的，只是肯不肯承认和程度不同而已。小事上当受骗就算了，大事、难事、新事、急事上当受骗就惨了，而且职务地位越高，损失就越惨重！解决“假大空”的根本方法是：形成“三要素四循环”的习惯，通过把“七层压力”和“三点注意”长期、一贯、一致地“循环”检测“假大空”。

“三要素四循环”每“循环”一次至少给参与者带来“七层压力”：首先是“定时”的“循环”，每周或每天在同一时间开会，“假大空”就有了第一层压力，下周或明天如何说圆今天的话？其次是“定点”的“循环”，每周或每天在同一地点开会，“假大空”就有了第二层压力，下周或明天在同样环境下如何说圆今天的话？再次是“定人”的“循环”，每周或每天和同一团队开会，“假大空”就有了第三层压力，下周或明天在同样的人面前如何说圆今天的话？第四是“倾听”的“循环”，制度化地强制要求每个人尤其“一把手”必须先倾听，给每个人说真话的法定权力，不能搞“一言堂”，“假大空”就有了第四层压力。第五是“讨论”的“循环”，制度化地强制大家相互提问、相互质疑、相互挑战，尤其是要挑战“一把手”的看法，让头脑激荡起来，活力才能竞相迸发，“假大空”就有了第五层压力。第六是“决策”的“循环”，制度化地强制要求“一把手”在充分倾听、讨论后，以《有效动作论》理念及衍生制度为是非衡量标准进行公开透明的决策，“假大空”就有了第六层压力。第七是“动作循环表”的“循环”，制度化地强制要求在会议结束前把决策转换成“动作循环表”，下一次会议必须首先检讨上次“动作循环表”的落实情况，把每个决策跟踪循环到底，直到产生业绩。而且不论业绩好坏，都要追根究底，以利于积累“四类动作”并进行实实在在的事后分析，“假大空”就有了第七层压力。“三要素四循环”通过“七层压力”这个心理预期倒逼机制，才拥有了“假大空”“检测器”的功能。

为使“假大空”“检测器”灵敏度高、响应速度快，还要做到“三点注意”：一是会议内容要书面化，防止说话不算数、出尔反尔、死不认账。虽然整理会议纪要是有成本的，但是和不书面化让“假大空”盛行造成的损失相比是微不足道的。二是要保护、保存和决策结果不同意见的记录，而且要更详细。鼓励大家在决策前提出不同意见，但在决策后必须和决策结果保持一致，不允许再说三道四，每个人都要无条件坚决执行。三是要把会议内容中除了1%的商业秘密暂时保密外，其他99%的内容都要以最快速度在团队内公开透明。

但仅有“七层压力”和“三点注意”是不够的，提升“假大空”“检测器”功能的根本途径是每周或每天周期性地“循环”。“循环”次数越多，灵敏度就越高，响应速度就越快，“假大空”就会越少。长期、一贯、一致地“循环”下去就会形成习惯，习惯会使“检测器”对“假大空”的响应具有规律性和可预测性，让“假大空”的生存空间越来越小，更重要的是让“假大空”极难死灰复燃、卷土重来。

总之，“三要素四循环”是“假大空”“检测器”，“检测器”用得越多，“假大空”就会越少，决策和落实效果就会越好，可持续卓越业绩自然随之而来！

2014 年 3 月 7 日

数据库

数据库指的是以一定方式储存在一起，能为多个用户共享，具有尽可能小的冗余度，与应用程序彼此独立的数据集合。不论是对一个人，还是对一个组织，都有一个如何以最低成本学习、成长和成功的问题。把通过“三要素四循环”得到的结果及过程的真实记录，按《有效动作论》中“四类动作”的分类标准，以尽可能小的冗余度，选择典型案例分四类储存在一起，形成“四类动作”数据库，向全集团公开透明，让所有人资源共享，既可作为员工培训的首选案例教材，更是进行实实在在事后分析的事实凭证。尤其是对数据库中错误动作和无效动作周期性回顾，可以帮我们有效地抑制人性中“爱面子、好吹牛”的虚荣心理，让我们能够勇敢地直面残酷事实真相。众所周知，不从真实历史中吸取教训的个人或组织，成长或成功都是暂时的、不可持续的，人性中的虚荣心理决定了历史的悲剧早晚会重演。

上一期的《检测器》一文，详细论述了“三要素四循环”习惯所带来的“七层压力”及“三点注意”，在目前所写的60篇文章中是最有使用价值的。虽然，“三要素四循环”习惯对“假大空”有很大杀伤力，但对让大家说出全部真话却没有很大促进力，公开透明和书面化可能会使有些人在有些事上说出全部真话有顾虑。解决问题的方法是，在以团队化的正式的“三要素四循环”为主的前提下，还要和团队成员及相关人员进行一对一的不记录的非正式的“三要素四循环”，以弥补正式的所达不到的让大家说出全部真话的效果。正式的“三要素四循环”能够形成制度领导力，非正式的“三要素四循环”能够产生一对一的思想领导力、情感领导力和信息领导力。当然制度领导力是最重要的，但其他三个领导力也是不可缺少的。正式的“三要素四循环”所积累的“四类动作”典型案例数据库可发挥“历史教科书”的作用，非正式的“三要素四循环”所积累的

“四类动作”典型案例数据库可发挥“个人回忆录”对“历史教科书”的补充作用。

总之，我们要长期、一贯、一致地以正式的“三要素四循环”为主，以非正式的“三要素四循环”为辅，积累“四类动作”典型案例，不断丰富“四类动作”数据库，并广泛深入地在事后分析和员工培训中使用。同时，在数据库使用中我们一定要坚持对事不对人，即独立于当事人、不指责当事人。只有这样，大家才能愿意分享更多的真实经验和教训，使我们每个人和团队能够以比竞争对手更低的成本，更快更好地学习、成长和成功！

2014 年 4 月 7 日

门把手

门有四个作用：防盗、防风、防雨、隔音。在现代社会，若一个房子没有门是不可想象的。门把手也有四个作用：开门、关门、别门、锁门。同样，一个门若没有门把手也是不可想象的。《有效动作论》理念相当于中证万融这个房子的门，动作和业绩相当于房子的其他部分，房子越大，业绩越大。“三要素四循环”习惯相当于门把手，不但使践行理念即开门、关门、别门更方便、更有效，而且还能锁门即公开透明地锁定动作和业绩。

锁门是门把手的根本作用，每周或每日团队化书面化的正式“三要素四循环”会一步一步循环锁定动作和业绩的进度，长期、一贯、一致地坚持下去，团队一把手会形成制度领导力。开门、关门、别门是门的根本作用的重要补充，每周或每日团队成员之间，或与顾客之间一对一不记录的非正式“三要素四循环”，可以深化相互之间思想、情感和信息的沟通和了解，增加人与人之间的互信，提高办事效率和效果，大家会形成相互的思想领导力、情感领导力和信息领导力。制度领导力可以使理念变动作、动作变业绩过程中减少假话、大话、空话，相当于起到了防盗的作用。思想领导力、情感领导力和信息领导力可以使我们听到更多的真话，相当于起到了防风、防雨、隔音的作用。

目前，团队化书面化的正式“三要素四循环”我们基本做到了，假话、大话、空话确实减少了。但一对一不记录的非正式的“三要素四循环”我们基本没做到，真话并没有增加很多，让很多人在成长成功的道路上走了不少弯路，增加了成长成功的成本和代价，也使制度领导力受到了很大制约。

总之，正式与非正式的“三要素四循环”相互促进、相互支撑、相辅相成、缺一不可，制度领导力是创造可持续卓越业绩的根本保障，思想领导力、情感领导力和信息领导力是重要补充。我们只有长期、一贯、一致地坚持以制度领导力为主的四种领导力综合运用，才能使我们每个人和团队在更短时间内创造更大的可持续的卓越业绩！

2014 年 5 月 7 日

搭便车

搭便车理论于 1965 年在美国经济学家曼柯·奥尔逊的《集体行动的逻辑：公共物品和团队理论》（*The Logic of Collective Action*：*Public Goods and the Theory of Groups*）一书中首先提出。其基本含义指不付成本而坐享他人之利。例如，一个人在院子里放烟花给自己欣赏，但放烟花的同时不但给自己带来了快乐，也给他周围在看烟花的人带来了快乐，而这些人却不需要为此付出成本，这就是搭便车，即周围的人搭了这个放烟花的人的“便车”。

2013 年是中证万融的“表录群会年”，2014 年是中证万融的“资源共享年”，“发动机 110100”中的“100”

指2014年全集团要完成100个资源共享项目的具体内容，资源共享其实就是搭便车。中证万融所控股各个公司都是独立的利润中心，为利润最大化本应积极主动搭兄弟公司的便车，可事实却不尽然，有些人总找各种借口不做“不付成本而坐享兄弟公司之利”的事。有便车而不搭，免费看烟火也不看，原因不外乎两个，一个是“私心重”，另一个是“能力差”。各个公司相当于住在一个院子里但独立核算的兄弟，某个兄弟放烟花却不允许别的兄弟看，第一种可能是这个兄弟私心重，重到极端自私自利；第二种可能是能力差，差到不知道免费服务他人其实是帮助自己。反过来，某个兄弟放烟花有的兄弟却免费都不看，第一种可能也是这个兄弟私心重，重到花别人的钱买烟花给自己看，并且还要“拿回扣”；第二种可能也是能力差，差到连“不看白不看、白看有好处”的事都不做。这些人不论是“私心重”，还是“能力差”，或者两者兼而有之，都是“不称职”，根本不适合做管理者。

中证万融所控股各个公司目前共拥有30个独家品种，300多个非独家品种，从采购、生产、营销到研发的各个环节、各个方面均有巨大的搭便车的空间。最重要的是，我们拥有一样的核心使命、核心价值、核心战略和治理守则。核心使命一样即奋斗目标一样，核心价值一样即动作准则一样，核心战略一样即取舍标准一样，治理守则一样即组织原则一样。如果说，均拥有中药独家品种是搭便车的“硬件”保障的话，那么，均拥有“四个一样”所统领的一样的《有效动作论》理念就是搭便车的“软件”保障。而且，“软件一样”比“硬件一样”对促进搭便车更为重要，二者相互支撑、相辅相成、缺一不可。

事实上，搭便车对每个公司、每个好人，都只有好处而没有坏处，不但能不付成本而坐享他人之利，而且还能结交更多朋友、学习到更多东西，进而积累更多经验、人脉和业绩，为公司和自己的未来打开更加广阔的上升空间，何乐而不为呢?

2014 年 6 月 7 日

论“舰队”

企业在市场中竞争犹如舰艇在大海中战斗，与其单打独斗，不如组成“舰队”，不论是巡洋舰、驱逐舰还是护卫舰，也不论是核潜艇、常规潜艇还是水面艇，即

使是航空母舰单打独斗也是不行的。“舰队”一般由航空母舰、巡洋舰、驱逐舰、护卫舰等数十艘舰和艇组成，相当于中证万融医药集团。每个舰或艇都是一个独立的作战单位，相当于中证万融所属各公司都是一个独立的利润中心。“舰队”及每个作战单位只有拥有一样的理念即“软件一样”和一样水准的武器即“硬件一样”，才会有强大的战斗力。“软件一样”即核心使命、核心价值、核心战略和治理守则一样，相当于中证万融各公司均信仰《有效动作论》。“硬件一样”即都是现代化的武器装备，例如均拥有导弹，相当于中证万融各公司均拥有独家品种。“软件”和“硬件”都一样才能在战斗中最大限度相互支撑、相互协同。“舰队”中的任一艘舰艇战斗力才能远远超越没有参加“舰队”的同样一艘舰艇的战斗力。

中证万融的核心战略是收购拥有独家品种的中药企业，这些企业在收购前都处于单打独斗状态，也均面临极大或很大的困难，否则，原有股东也不会卖出控股权。但这些企业在收购后都有了超过以往任何时期的强劲增长，为顾客、员工、股东和政府创造了前所未有的价值，加入了中证万融这个“软件”和“硬件”都一样的“舰队”是根本原因。因为“舰队”资源共享、协同增效空间太大了！从采购、生产、研发到营销，从医生、医院、政府到代理商，从知识、经验、教训到资源，每个环节、每个方面均拥有巨大的搭便车的空间。事实上，若“软件”和“硬件”两者都不一样，即使同属一个“舰队”，搭便车空间也很小；若两者有一个不一样，同样同属一个“舰队”，搭便车空间也不大；只有两者都一样，搭便车空间才巨大。

总之，“舰队”各成员之间“软件”的一致性越高，协同增效空间越大。“硬件”的水准一致性越高，例如，都拥有导弹，或都拥有独家品种，协同增效的空间会越大。同时，“硬件”的功能互补性越强，例如，不同功能的舰艇巧妙搭配作战，或不同疗效的独家品种巧妙搭配营销，协同增效的空间也会越大。我们一定要共同努力，收购更多拥有独家品种的制药企业。到 2020 年，中证万融“舰队”至少要拥有 100 个独家品种；到 2030 年，中证万融“舰队”至少要拥有 200 个独家品种。我相信到那个时候，资源共享、协同增效的空间会极其巨大，每个“舰队”成员的发展空间也会极其广阔！我们现在的 7 家药厂一定都已经从低吨位的艇发展到了高吨位的舰，有的可能发展到了更高吨位的航空母舰，加入“软件”和“硬件”都一样的“舰队”是在更短的时间做到这一点的根本保证。

2014 年 7 月 7 日

理念绝对大于利益

——“2014 有效动作·分享会”讲话

一、 五张片子

这个讲话题目是《理念绝对大于利益》，幻灯片没有 1 个字，只有 5 张片子。

第一张片子是一条船。

第二张片子是艇。舰和艇的区别是什么？排水量500吨以上的叫舰，排水量500吨以下的叫艇，一两吨的就是船。

第三张片子是舰。这三个舰有什么区别？分别是巡洋舰、驱逐舰、护卫舰，这三个舰分别是不同功能的舰，吨位也不一样。最大吨位是巡洋舰，一般情况下比较好的巡洋舰是8000吨；中间的是驱逐舰，进攻性的；右边的是护卫舰，是防守性的。驱逐舰的吨位比巡洋舰低一点，护卫舰比驱逐舰还要低。

第四张是航空母舰。航母是多少吨以上？一万吨以上，这是核动力航母。

第五张是舰队。我要讲什么明白了吗？论舰队。

二、 核心战略

我要讲一个故事，这个故事就是中证万融医药投资集团为什么要成立，是怎么来的？我以前不愿意讲，因为我喜欢低调，不喜欢显耀自己，我喜欢在团队面前显示自己比团队低，团队比我强，每个人都比我强，尤其在各自专业上都比我强。业绩好的人就是英雄，是团队中的英雄，也是我心目中的英雄。我进会场时就跟他们说不用去门口迎接我，也不用鼓掌，不用起立。我希望低调，我希望突出在座的每一位，所有成绩的取得是团队每一位成员努力的结果，是大家高效动作的积累，而不是我精心设计的结果。但是我要说一个故事给大家听，如果没有我的精心设计，就没有今天的良好业绩，也没有大家现有的这么难得的事业舞台，没有大家的收入等各方面的不断增长。

中证万融医药投资集团核心战略是我过去 20 多年做投资，尤其是医药行业投资，潜心研究、长期思考沉淀的结果和结晶。比方说同仁堂有 1000 多个普药品种，几乎都不是独家，销售收入、利润也在增长，但同仁堂 A 股资本市场估值只有 200 亿，它在 1669 年创办，有 350 年历史。再看云南白药，只有一个独家品种，销售收入和利润在很多年前比同仁堂差很远，现在跟同仁堂差不多，不相上下，但云南白药在资本市场估值是600亿市值，估值的差别从哪儿来呢？是因为云南白药产品是独家，能独立定价。云南白药有百年历史，熬百年才做到这个规模，云南白药以一个独家品种熬了100余年，当时和它一起开始做的独家品种中大部分都死了，所以只有少数几个独家品种大多也是活不长的！

中证万融医药投资集团应该做什么不做什么呢？我们的核心战略是独特的，国内没有，国外也没有！我要收购100个、200个独家品种，形成独家品种的产品线，就像刚才我们看到的舰队，这样每个独家品种都会变得非常好，每个独家品种的收入增长都会比只有一个独家品种的企业，比单打独斗的企业要快得多，成本、费用会低得多。如果只收购一个独家品种、收购一个企业是没出路的，是走不远的，也是很辛苦的。

中证万融医药投资集团的核心战略就是收购足够多的独家品种，收购足够多以后，不是做成一个航空母舰，我的目标是做成舰队，永远保持每个企业独立的品牌，独立的法人，独立的团队，每个企业都是独立的作战单元，独立的利润中心，都要独立去战斗。这些军舰都往一个方向走，大家互相搭在一起，每个单独的艇和舰的战斗力就会通过舰队得到极大的协同增效，每个舰和艇在舰队的战斗力和不在舰队的战斗力是完全不一样的，这点大家想象一下就可以知道。

三、 盛康真相

盛康是所有我们收购企业里面临困难最大的。收购前盛康销售收入不到1000万，利润负250万，发不出工资，缴税是零，并且在天津不良反应事故中患者死亡，药监局要关盛康的门。吴芳骗了银行5亿~6亿的贷款，10年还不了，到北京来请求我们买，而且我们买的价格比其他企业报价高了一倍。当时是高风险投资，之所以投资，是因为我觉得这个产品如果我们下大力气去做，也许能做好，也许能为人类健康创造一点价值，就是这种理想在驱动，并不是为了赚钱。如果是为了赚钱，如果想到赚钱的话当时就不会投了，全国那么多制药企业都不肯投，用我们一半的钱都不肯投，我们凭什么超过别人报价一倍的钱去投呢？收购后，通过资源共享、协同增效，我们先想办法下大力气提升质量工艺，把产品救活了，关键是又下更大力气进了国家医保。集团派了大量的人支持生产车间建设、技术工艺的改造，投入了大量的钱支持建设以及聘请销售人员。

企业搞好了，有些人就不承认自己当初有多难了，问题就来了，小股东就预谋抢夺公司了。抢夺的步骤很简单，策略也很简单：2013 年 2 月份，开始诬告我挪用资金，我犯得上去挪用资金吗？和挪用根本不沾边，他们一直折腾到现在还没有找到证据。我这里没有突破口，他们又开始折腾王炯，我们的态度是所有账都可以复印，所有账都可以查，所有相关账目都可以提供，但他们还是诬告王炯藏匿财务账簿，也是为了抢夺控股权而进行的恐吓。这个目的没有得逞，就在 3 月 20 日找两个已经辞职的董事，开了一个非法董事会。蔡孟杰、金恩淑 2011 年就已签字辞去集团及子公司董事等一切职务，辞去世纪盛康董事职务，都是他们自己亲笔签的字。

舒满平是陕西省高院的前法官，因为受贿被判了 3 年，现在还是陕西省纪委网站上受贿的典型。他当过法官，找出了一个切入点。第一个动作是让西安汉唐公证处给所有人都发一个公证，证明 2009 年中证万融收购世纪盛康的框架协议无效了，中证万融的 70% 的股权没有了。我的金融界、企业界、法律界的朋友们听说后，都哈哈大笑，都说 70% 的控股权他们怎么就敢说给取消了呢？公证处公证的是“取消协议通知”发出的动作，公证处没有权力取消股权，只有法院才有权力。他们玩的就是一个骗术，真是挺有意思，也让做了 20 多年投资的我大开眼界，70% 的股权难道一纸通知就能取消吗？

他们的第二个动作是什么呢？钻法律的空子，合同法里有一条，如果一方不满意了，找瑕疵单方面说取消合同，对方如不同意取消，就要由法院判决。吴芳、舒满平却说合同法规定单方取消就取消了，那合同就没用了，法院就没用了。他们故意把这两个概念混淆到一起，到处骗人说把协议取消了，70% 的控股权就取消了。股权是根，二分之一股权其实就决定了这个公司 90% 以上的事情（包括董事、监事人选等大事）。我们持有盛康 70% 股权，这意味着什么呢？不但能决定公司所有大事，还能决定公司所有特别大的事和所有的小事。

希特勒说过，如果一个人小骗，别人不会相信的，如果一个人大骗，骗到超出你想象的程度，大家就会觉得他敢这么骗是一定有道理的。

我们又干了件大好事，把世纪盛康变成占户县 33% 税收的纳税大户，销售收入变成 5.85 亿，利润 4000 多万，5 年的时间把一个要倒闭的企业，负 250 万的利润变成了4000多万的利润。我在盛康什么好处都没有得到过，我对户县有很大的贡献啊！反而遭到户县公安局个别人违规立案调查所谓的挪用资金问题，但他们对抢公司的人、伪造印章的人、侵占公司财产3个亿的人，却视而不见，背后用心可想而知。当然，现在在户县、在西安、在盛康内部，99%的人都已经看明白了，都不相信了，只有1%同流合污的人去相信，因为他们不相信也得相信，这是他们熬过每一天恐惧的精神支柱。这个事的结果很显然，我一切依法办事，企业必须还回来，他们已经涉嫌严重刑事犯罪，必须巨额赔偿，必然身败名裂！

8月1日盛康召开了董事会，按照公司法规定，我们有70%控股权，我们也公证给他们发通知，通知他们参加股东大会。尽管他们没来，我们还给他们留了两个董事名额。其实取消框架协议对他们不利，因为取消了，他们两个董事的席位都没了。第一他们取消不了，第二如果他们取消了，那所有董事席位都是我们的了。但是我们还是很仁义的，还是给他们留了两个董事席位。所以很多朋友、员工都说真是挺够意思，怎么还把他们两个留下了，我说这不是有框架协议嘛，他们取消了，我们也没取消啊。不论怎么表决，什么程序，我们都拥有实质上的控制权。

我们一切依法解决，一切依程序办事，慢点没关系。谁抢别人的财产，谁就是犯罪，刑事犯罪、民事侵权，就得巨额赔偿，进监狱，身败名裂。这仅仅只是时间问题，不是结果问题。

这个故事很精彩，对我的一生，对我们的未来会产生巨大的知识价值，所以我很开心，我在50岁的时候就能经历这么精彩的故事，这么惊心动魄的故事，这么超出我们想象力的故事，也超出这个社会所有人的道德底线的故事。而且还不够、还在骗，骗的核心就是把我妖魔化。其实我和他们任何人从来没有发生过任何冲突，没有通过电话，也没有发过短信，没有直接语言冲突。我对他们做的就一件事，就是我给了他们大量的钱。我没有得罪过吴芳，我也没有批评过她，到我这里的事，我都是包容、包容、再包容。因为我的性格就是对原则范围内的事我都是让着，都是包容，都是授权的；对触犯底线的事我会提醒；对一而再，再而三触犯我底线的事我会非常刚烈的、非常坚决的、非常不妥协的，而且会拼命的，会拼到底的。我一直是让着他们的，我和他们任何人没有发生过语言、电话、短信、文字的冲突，忽然出现这么一个事情，挺有意思。他们属于希特勒说谎的水平，不断重复骗，给所有人都洗了一遍脑。但是骗子终归是骗子，不能一直骗下去，肯定是死路一条，肯定是天天恐惧。必须把企业还给我们，必须赔偿巨额损失，必须身败名裂，必须进监狱，这就是一个时间的问题。

如果谁要是这么干还能成功的话，那中国的社会就乱了，市场经济就乱了，所有持有公司股权的人就都会担心了，所有有财产的人也都会担心了。但是他们有侥幸心理，什么侥幸心理呢？就是我前面讲的，我犯的一个错误，就是这五年来我坚持低调，坚持把大家摆到上面，坚持把团队摆到上面，坚持不显耀自己。这让他们误认为我没有关系，是胆小的，他们认为他们一抢、一吓唬，我就会把这个企业给他们了，我认为这是我过去5年非常大的教训。

四、 协同增效

通过盛康的例子说明资源共享、协同增效确实管用。所以我对每个企业长期的增长、巨大的可持续的增长都充满信心。只要独家品种越来越多，我们收购的企业越来越多，我们的日子就会越来越好过，增长就会越来越容易，增长的成本和代价就会越来越低，利润就会越来越高，吸引人的能力就会越来越强。而且你的利润就是你的，集团不留一分钱利润，我也不收一分钱管理费。我不在乎钱，我只在乎正义要伸张，我只在乎法律的尊严，我们这样的企业、我们这样的人，在社会上是有一定地位的企业和人，都受到欺负，若我们都不能伸张正义的话，那一个普通的企业，一个普通的人，一个普通的老百姓，那还不给欺负死啊?！我既然有这个实力，我为什么不伸张正义呢？付出多大代价都要伸张正义，都要维护法律的尊严，都要坚守理念制度，最后的胜利属于谁，大家拭目以待。所以我非常高兴，因为我学到了知识，这是我过去 50 年没有学到的知识，我还很感谢他们，让我的思维，让我对社会的认知深入了一步。

事实证明，我们一切依法经营，经得起考验，再查 100 年、200 年也没事。我没犯法，也不会犯法，一切依法经营。我们可以少挣钱，但是我们不能犯法。我们可以不挣钱，但是我们不能违反我们做人、做事的理念、原则和底线。

我到上海出差，上海的一位朋友跟我说了一个事情，我觉得这就是一个伟大企业的证明，也是我原来写过的一篇文章《理想、信念与利益》的一个案例。这个人管理迪士尼在上海的建设，迪士尼花了十几年谈判好不容易在上海终于谈了一块地。结果来了以后，干了一件事把上海市气坏了，你们都想象不到他们干的第一件事是洗地，要花几个月，花几亿。上海市说不行呀，洗地没有业绩呀。迪士尼说不让洗地就不建，就是要洗地。上海市说这地没有污染，迪士尼说我要达到的水平是将来河里的水，儿童喝了像自来水一样干净，不让我洗我就不建，坚持不让洗，我就撤出中国了，花了十几年争取来的东西我不要了。最后上海市说行，给你时间洗吧，我们跟上面汇报汇报，也宣传宣传你们。迪士尼说不上报纸、不要宣传，不用领导说我们好，我们就是洗地。只有“理念绝对大于利益”才能成就迪士尼。

我们中证万融医药投资集团为什么把核心使命、核心价值放在我之上，放在利益之上，其实我是想做一个伟大的企业，让每个被我们投资收购的企业都变成伟大的企业，像我们的舰队一样，每个企业都争取发展成航空母舰。而且这些舰之间形成同一个方向，就是《有效动作论》所指出的方向，然后都有独家品种，相当于都有导弹。我们收购的独家品种企业，我们永远不卖。任何一个企业不论你多好，我也不卖，不论你多差，我也不卖，不论你怎么捣乱，我也不卖。像盛康事件，就是个别人利欲熏心、异想天开，当然，这个责任我刚才说了是与我个人刻意创造的低调的风格有极大关系。其实我内心深处是很刚烈、很强硬、很坚强的人。但是我为了让团队成长，让团队发挥，给团队授权，让团队大胆去显耀自己，去表现自己，所以我故意压抑自己，低调做人做事，故意不说话，故意不管事，故意超脱于日常工作，这样团队才能去试错，去锻炼，去成长。好处是团队成长起来了，坏处就是让坏人觉得有可乘之机了。如果我过去两年表达过这种态度，可能就没有盛康事件了。不过这个事件也是给社会提供了一个精彩的案例、一个反面教材。其实我很高兴，因为我是重在通过这件事学习知识，然后为社会伸张正义，为我们未来的发展积累教训，把这些教训融化到我们集团未来的战略和治理的方法的优化和改进当中去。这就把坏事变成好事了，把教训变成知识了，把代价变成经验了，对我们未来 20 年的发展是有巨大作用的。如果今天没有盛康事件，过十年、二十年也会有不是盛康的盛康事件。因为我们在整个治理上，包括我在领导风格上，是存在着一些误导性的因素的。

通过盛康这个反面教材也证明资源共享、协同增效是成功的。不然为什么一个要关门的企业就能发展成户县第一的纳税大户呢？这个事没法解释。其实我设计中证万融医药投资集团核心战略的初衷，也是觉得我们投资收购企业，人家以前也是做出了巨大努力，也做得很辛苦，但是总是有些瓶颈突破不了。那凭什么我们投了我们就能突破呢？道理上，没有独特的竞争优势、我们也突破不了。那么独特的竞争优势、独一无二的核心竞争力怎么来的呢？是来源于我们多品种的协同增效，这样我们的竞争对手就永远没办法复制了。这是我设计中证万融医药投资集团核心战略的出发点，完全是从长远的竞争优势的形成角度来考虑的，所以说我们现在 30 个独家品种加上 300 个非独家品种，如果组成强大的产品线，资源共享、协同增效，可以使我们每个公司的利润都比自己单干好得多，销售收入增长快得多，成本费用下降低得多。但是我们有些人就是自作聪明，出乱七八糟的馊主意，是非不分。每个人在干什么，其实我都很清楚，我想忍一忍就算了。但是盛康的事情告诉我不能忍，该处理就处理，该迎头痛击就得迎头痛击，闹大了再痛击，不但耗费时间长，付出的成本也更大。术业有专攻，每个人必须做好每个人的专业，做好每个人的本职工作，努力做好该做的事情，不要转移视线，不要掩盖自己的问题、挑别人的毛病。好好经营企业，把业绩搞上去，把销售收入、利润搞上去，把成本降下去，通过资源共享、协同增效，搭便车，这是一个可持续的独一无二的竞争之道。自己努力很重要，但是最重要的还是资源共享、协同增效。

我今天跟大家讲中证万融医药投资集团为什么要这么做，目的就是要告诉大家我们每个企业目前都是船或者艇，我们都要成为舰和航空母舰，成为舰和航空母舰的最佳道路就是资源共享、协同增效，就是加入舰队，互相帮衬。资源共享、协同增效，集团这边其实承担了大量隐性的成本和费用，我就不多说了。中证万融每个企业、每个人的发展，资源共享、协同增效是我们独特的优势，是唯一不可复制的核心竞争力，我们一定要用好，一定要深入、广泛地用。盛康事件只是我们前进道路上的小插曲。因为我过去在很多事情上表现得过于低调、过于谦虚，导致很多人认为我们好欺负，产生了误解，所以敢于铤而走险，但是肯定会把自己害死，也影响了盛康的发展。这个事件也为我们未来20年的发展提供了经验，是一笔宝贵的财富，所以我们要把教训变成经验，变成未来可持续发展的巨大的力量。

五、 简单的人

最后我也介绍一下，我是什么人？我是一个很简单的人，是一个追求理想的人、追求信念的人，就是理念绝对大于利益的人。走到今天我是不在乎钱的，赔多少钱我不在乎，赚多少钱我也不在乎。我关心的重点是把理念变成动作，动作变成业绩，而且是可持续的。把我们的企业、我们的产品都做得越来越好，给社会、给患者的健康创造价值，给社会留下一点痕迹，这就是我对于中证万融医药投资集团来说最想做的事。我希望我们的团队、员工能理解我的理想、我的信念，能支持这种理想、这种信念，大家齐心协力把企业做好。再次强调，术业有专攻，做好自己的本职工作，把你的专业工作做到极致，我也做好我的专业工作，做好投资的工作，做好上市的工作，做好战略的工作，做到极致，其他的事情我全部授权大家去管、去发挥。所以说：

第一，我是个很简单的人，是一个把理想、信念看得比利益还重的人。

第二，在理念的边界内我是一个非常包容的人，只要在理念的边界内，不一而再，再而三地触犯我的底线，我是充分包容的、充分忍让的、充分授权的，我几乎不参与日常工作，所有重要会议我都是愿意放手让大家去组织，让大家去主持，让大家去做，为什么呢？因为我不在，大家压力小，可以充分发挥自己的长处，也可以充分暴露自己的缺点，我在可能大家就会收敛一些，自我保护意识强一些，反而不利于大家试错，不利于大家发挥，不利于大家成长。

第三，在理念边界的底线，在我做人做事的原则面前，如果一而再、再而三地触犯，我是非常刚烈的、毫不客气的，而且我是一旦开始做就会做到底的，不惜任何代价，不怕任何压力，不畏任何艰难险阻，牺牲多少钱我不在乎，牺牲什么我都不在乎，我要的是正义，我要的是良知，我要的是法律的尊严，我们要给社会留下精神的价值、精神的痕迹、精神的财富。

第四，在中证万融医药投资集团和我们所投资的每个公司，我是充分相信大家，也是充分地授权给大家的，我会在投资、战略、上市问题上发力，在其他问题上把握方向。我已将目标写到每月一篇的文章里面，就是到2020年收购100个独家品种，到2030年收购200个独家品种，不论花多少钱，不论亏多少钱我都要做这件事。如果我们下大力气把独家品种的质量、工艺、技术、疗效提升起来，按照极致去追求，最后我们可能达到优秀，我们会为这个社会留下很深的痕迹，为人类健康创造很大的价值，这个永远比钱要好得多，更有社会的价值，更有健康的价值，也更有人生的价值。我希望大家珍惜这个平台，在理念制度的边界内把自己的才能充分发挥出来，我也希望大家充分公开透明，充分资源共享、协同增效，我也希望大家用“三要素四循环”把这些事都跟踪到底。

第五，我会继续每个月把我的一些感受提炼成一篇文章，现在已经写了60多篇了，80岁的时候大概写600篇，90岁写700篇，将来《有效动作论》就变成一个700篇的企业经营的《论语》似的东西。如果我们的100个、200个独家品种，过100年、200年真有10%为人类健康创造卓越价值了，我估计《有效动作论》就变成100年、200年之后的畅销书了。不过能不能变成畅销书不重要，最重要的是我们给社会留下了一笔精神的痕迹，用理念经营企业的痕迹，也算我们没有白活几十年，比留下多少钱意义都要重大！

2014 年 8 月 22 日

什么是我们不可复制的竞争力

——“2014 有效动作·分享会”讲话

参会人员合影

2014 年 8 月　北京·密云

我们为什么要开有效动作分享会？我们为什么要分享有效动作？我的经验是，为了面子不认错，为了面子不复制别人的高效动作，会吃一辈子大亏。我们不要面子，不要虚荣心，我们要的是业绩，要的是按理念更多地去重复、学习、创造有效动作，最好是高效动作，这样我们每个人的业绩就会越来越好，每个人的成功就会越来越大，每个人的收入就会越来越高。经过对近 30 年投资收购和经营管理经验、教训的总结、提炼，发明了四个词：高效动作、低效动作、无效动作、错误动作。当然，算上“有效动作”应该是五个词了，有效动作 = 低效动作 + 高效动作。这五个词在别的书上、别的地方，是肯定看不到的，如果你看到了，那也是从我们这里传播出去的。

一、 为什么要年年开有效动作分享会

有效动作分享会为什么年年开？我们每个人、每个公司不可复制的竞争力是什么呢？什么叫不可复制？就是花多少钱都买不来的竞争力，再多钱也买不来，再聪明也仿不了，只要我们不卖，花多少钱多少时间也做不到，这叫不可复制。很多竞争力都是可复制的，比如说我们搞一个工艺技术的改进，那么我们在降低成本方面就可以领先别人一步，但这个是可复制的，很快就会有人模仿、有人复制，甚至能够发明比你更好的工艺技术，

使成本降得更低。如果我们想到一个方法把销售收入迅速提升了，这也可复制，很快就有聪明的竞争对手非常迅速地模仿复制。可能会在他的企业里面做得更好，因为他的规模比我们大，钱比我们多，人比我们聪明、勤奋、能干，这些都是可复制的竞争力。一个企业要想基业长青必须有不可复制的竞争力，一个人要想基业长青也要有不可复制的竞争力，否则的话就是狐狸和狐狸的竞争，是小聪明和小聪明的竞争。聪明的狐狸打败了不聪明的狐狸以后，不聪明的狐狸很快学会了聪明狐狸的招数然后打败聪明狐狸，永远在互有胜负、相互抵消当中，这是小聪明，不是大智慧。而刺猬和狐狸打，刺猬能够总是打败狐狸，因为刺猬有狐狸不可复制的无与伦比的刺，这是不可复制的竞争力。我们有效动作分享会，跟塑造每个人、每个公司的不可复制的竞争力是有密切关系的。这是我设计有效动作分享会一个非常重要的战略上的考虑。所以这个会议一定要一年一年地重复搞下去，而且在搞的过程当中要不断地深化、不断地优化，在实践当中提升分享的效果，提升我们分享到的知识和经验的深度和实用的程度，这对每个人的进步、对每个公司利润的增加都非常有好处。这个有效动作分享会，是提升集团和每个公司、每个人不可复制竞争力的非常重要的工具。

二、 为什么要不断地收购独家品种

我们为什么要不断地收购独家品种？要收购100个、200个……因为这是不可复制的竞争力的根本来源。我们要的是用独家品种的公司组成的舰队，而且软硬件高度一致，就是往一个方向走。舰队成员之间相互支撑，相互资源共享、协同增效，相互搭便车，就会产生比任何一个单独的品种花多少钱都产生不了的巨大力量。让每个品种都花比类似的品种更少的钱产生更大的销售收入、更大的利润。换句话说，我们资源共享、协同增效了，每个公司的利润就永远比不资源共享、协同增效的公司类似产品的利润要高得多，至少能高50%以上。我们的每个公司、每个独家品种，永远不卖，一万年不卖！这个公司、品种好我们不卖，这个公司、品种差我们也不卖，你们可以放心、大胆地永远做下去！我没有具体计算过中国现在有多少家医药集团或医药企业有30个独家品种和300个非独家品种，我印象当中极少。目前，从研发到获批拿到新药证书至少十年，而且国家药监局每年审批通过的独家品种也就是几个，所以拥有30个或更多的独家品种是不可复制的，这是独一无二的竞争力，这是核心竞争力。现有的品种我们不但永远不卖，还要花大力气把每个品种的质量、疗效不惜任何代价做到极致，不赚钱也做到极致，亏钱也做到极致，亏一百年也做到极致！

三、 为什么要加入软硬件高度一致的舰队

船、艇、舰为什么要加入软硬件高度一致的舰队？因为加入舰队抗风险能力更强，打败对手的能力更强，而且舰队成员之间软硬件一致性越高，资源共享、协同增效空间就越巨大，那么抗风险能力和战斗力就会非常强。例如在工艺技术改进方面，1 个独家品种的成功经验可以复制到 30 个独家品种中去，而不必每个品种都花大量的人力、物力、财力去摸索经验；例如在采购方面，30 个独家品种联合采购肯定比 1 个品种单独采购跟供应商讨价还价的能力强大得多；例如在政府关系方面，我们有 30 个独家品种，就有了强大的实力和背景对政府产生影响力，会受到政府更大的支持和尊重。特别是营销，1 个品种面对医院、医生、患者、代理商等属于弱势群体，如果 30 个独家品种协同一起面对外部顾客，那我们就是强势群体了。这样会给每个公司带来超出拥有类似

品种公司的利润，这就是资源共享、协同增效带来的超额利润。世纪盛康从收购前不到 1000 万的销售收入、负 250万的利润、发不出工资、缴税是零的境况。到 4 年以后成为占户县 33% 税收的纳税大户，2013 年纳税 1 亿多，销售收入变成 5.85 亿，利润 4000 多万，就是因为共享了集团的强大资源，才有了如此巨大的增效。如果没有资源共享、协同增效，恐怕没有任何人有任何办法在如此短的时间内让世纪盛康乌鸡变凤凰，业绩发生如此天翻地覆的变化。所以，我们最核心的不可复制的竞争力就是舰队成员之间最大限度的资源共享、协同增效，前提就是软硬件一致。软件一致指舰队要往一个方向走，也就是《有效动作论》的方向；硬件一致就是要有独家品种，而且越多越好。我们资源共享、协同增效越深入、越广泛、越彻底、越全面，每个公司、每个人不可复制的竞争力就越强，而且是别人买不走、仿不了的。总之，只有拥有不可复制的竞争力才能拥有超额利润，只有竞争力不可复制才能确保这个超额利润拥有可持续性。

希望大家在中证万融这个难得的事业舞台上能取得你们在别的舞台、别的地方取得不了的进步的速度、事业发展的空间和随之而来的收入上的回报，给你们家人的生活带来更好的经济上的保证，给你们个人的生命留下精彩和难忘的痕迹，给人们的健康创造更大的价值！

2014 年 8 月 24 日

如何快速提升议价能力

——“中证万融营销系统促业绩增长资源共享协同增效会”讲话

会议现场

2014 年 10 月　北京·怀柔

议价能力，可以叫还价能力，也可以叫讨价还价能力。议价能力主要是对外的，营销直接服务顾客，其他部门直接服务营销，性质上不直接服务顾客。从顾客第一出发，我们每个拥有独家品种公司的营销中心联合起来成立营销平台，会让顾客更有信心，联合可以产生规模效应，能够提升顾客及我们自己的效率、效用和效益，为顾客创造更大价值。通过营销平台把所有品种联合起来，我们每个公司在市场上的话语权就会更大，我们每个公司、每个人的议价能力也会更强，我们的销售收入、净利润增长必然会更快。营销平台就是营销中心的“联合国”，是资源共享、协同增效的平台，也是快速提升每个公司每个人议价能力的平台。

一、　三级责任中心

其实三级责任中心（center）是从英文直译过来的，按意思翻译成中文应该叫三级责任主体。

一级责任中心是集团总部和子公司董事会，是投资中心，主要在投资等重大战略问题上负有决策责任。为什么集团总部和子公司董事会是一样的呢？根据公司法、公司章程规定，股东大会决策的大多数事项需 1/2 以上多数股份通过，特别重大的事项需 2/3 以上多数股份通过。集团对每个子公司都控股 50% 以上，大部分控股 70% 以上。集团在每个子公司董事会里面的席位都占1/2 以上，大部分占 2/3 以上，所以说集团决策和各子公司董事会决策在根本上是一致的。集团决策前会跟子公司其他董事充分沟通，支持鼓励其他董事积极参与讨论，这样一定会使战略决策更好一些。更重要的是，赢得了大家的理解和共识，执行时就会有更广泛的基础。

二级责任中心是子公司，是利润中心，由公司总经理为首的经服会负责日常经营管理，既考核净利润增长率，又考核销售收入增长率。因为现在每个子公司规模都比较小，所以销售收入增长比净利润增长还要重要。如果销售收入不强劲增长，仅让净利润强劲增长是不可持续的，是支撑不住的。只有销售收入强劲增长到“一定规模”再带动净利润强劲增长，销售收入和净利润的双强劲增长才是可持续的。前提是集团拥有强大现金地位，可以支撑我们暂时牺牲利润推动销售收入强劲增长。“一定规模”指口服制剂至少 1000 万盒，注射剂至少 1000 万支。我们做的是一个要实现我们核心使命的事业，是一个要把独家品种做到极致的事业，是一个长期的事业，所以我们不追求短期利润。

三级责任中心是收入中心、成本中心、费用中心。营销是收入中心，追求确定费用下的收入最大化。工厂是成本中心，追求确保质量下的成本最小化。研发部、财务部、人事行政部是费用中心，研发部追求确保完成研发任务情况下的费用最小化，财务部追求确保完成财务任务情况下的费用最小化，人事行政部追求确保完成人事行政任务情况下的费用最小化。

为了更好地服务顾客，各个公司的营销中心只有联合起来协同作战，形成营销中心“联合国”，深入进行资源共享、协同增效，才能迅速提升效率、效用和效益。如果各公司营销中心单打独斗，那我们每个公司都像小船或小艇，就弱不禁风了，别说讨价还价的能力，连说话的舞台都难寻了，就更没有话语权了。

二、 考核点和奖惩点

投资中心由股东大会考核，由股东大会考核集团总部和子公司董事会。利润中心由投资中心考核，收入中心、成本中心、费用中心由利润中心考核。工厂作为成本中心和其他三个部作为费用中心由各公司总经理及经服会考核。营销平台是由集团总部及子公司董事会共同考核。

投资中心考核利润中心，并根据业绩奖惩以公司总经理为首的经服会。投资中心也要考核营销平台，并根据业绩奖惩以营销平台总经理为首的经服会。以后更多的要以增长，尤其是销售收入增长率为核心指标来进行考核和奖惩。增长率必须超过行业均值，至少未来三年的平均复合增长率要超过行业均值，否则考核一定不及格。我们有 30 个独家品种协同作战，没有任何人有任何理由不跑赢行业均值。在“一定规模”以下我们不要求净利润增长率超过行业均值，把销售收入的强劲增长放在第一位。我们牺牲短期利润，是为了加大能推动销售收入长期强劲增长的费用投入。当然，将来达到“一定规模”以后，净利润增长率也要达到行业均值。三级责任中心，一级考核一级，一级奖惩一级，重点考核销售收入增长率，次之考核净利润增长率。

三、 舰队规模决定议价能力

舰队规模取决于两点，一个是独家品种的多少，另一个是销售收入的多少。独家品种越多，销售收入越多，舰队规模就越大，每个公司每个人议价能力就越强。目前，我们有 30 个独家品种组成的强大产品线，这个数量已经使我们拥有较大话语权了。我们的目标是通过内生增长和不断收购，尽快达到上百个独家品种和上百亿销售收入。

资源共享、协同增效是我们不断收购独家品种的战略动因，否则根本没必要收购。从收购的逻辑来讲，如果只收购一个拥有独家品种的公司，即使再有钱，我们也只能和收购前一样单打独斗，成功的难度会非常大。即使收购很多拥有独家品种的公司，如果不资源共享、协同增效，也没有很大价值。而且卖家永远比买家聪明，何况我们买的时候也没有过分讨价还价。但我们“大方出价”本身是有战略支撑的，即不断收购独家品种并不断资源共享、协同增效，迅速提升每个公司、每个人的议价能力。

总而言之，我们现在资源共享、协同增效还做得远远不够，才刚刚开始，但潜力巨大，尤其在营销方面。我坚信，只要我们把集团内无所不在的搭便车机会不断深入地落到实处，就一定能够迅速提升我们每个公司每个人的议价能力，而且是远远超出我们任何一个公司单打独斗所具有的议价能力，使我们每个公司可以比不加入舰队的同样的公司更少风险、更低成本、更加迅速地成为航空母舰。

2014 年 10 月 8 日

论依法治企

国家要长治久安，必须依法治国，而且要长期、一贯、一致，否则，只是口号而已。企业是国家一份子、社会之公器，必须依照国家的法律治理企业，这既是企业基业长青的需要，更是企业社会责任的体现。依法治企首先表现在企业所有的经营活动都要符合国家的法律，其次表现在企业内部的治理也要依企业的理念、制度进行。企业的制度是企业自己的法律，类似于国家的法律对国家治理的作用。企业的理念是企业的核心使命、核心价值及具体内容，在中证万融就是《有效动作论》，类似于国家的 24 字社会主义核心价值观及具体内容对国家治理的作用。十八届四中全会决定指出："坚持依法治国和以德治国相结合。”企业治理也应如此，坚持依制度治企和依理念治企相结合。对企业而言，制度是法，理念是德。贯彻落实企业的理念是企业德治的体现，执行到底企业的制度是企业法治的体现。德是方向、是准则，是约束人的精神和灵魂的，具有内在性。法是对德的具体化、经验化和强制化，是约束行为和动作的，具有外在性。所以，德是主，法是辅；德是目的，法是工具；德是精神，法是行为；两者相辅相成、相得益彰、缺一不可。

公司章程类似于国家宪法，是公司的根本大法。公司章程要符合《公司法》每一条规定，在此基础上要细化，要符合企业发展的实际需要。同时，公司章程还要符合企业理念，细化后的章程和企业理念必须保持一致。章程要成为企业理念落地生根、开花结果的根本大法，是企业其他一切制度的总根。中证万融及旗下公司下一步要根据《公司法》和《有效动作论》理念将公司章程进行完善和细化，努力实现依法律治企、依理念治企、依章程治企、依制度治企。随着企业不断发展壮大，法律对企业的保驾护航作用会越来越得到体现。集团投资中心也是法律中心，为全集团各公司提供免费的法律服务。在职责上要从目前的主要针对合同审核的法律服务转化成对企业治理全过程全方位的法律服务，为每个公司、每个人依法动作提供有力的法律咨询、支持和保障。

我们在落实依法治企的同时还要主动承担起落实依法治国的社会责任，在企业经营发展过程中遇到不公平不正义的事，一定要不惜代价依法伸张正义，而绝不能为了省点钱、少些麻烦就不作为。对盛康事件的处理方式就是维护法律公平公正、伸张正义的过程。我们被诬告挪用资金，户县公安局违规立案，反复调查了将近两年，仍然没有查出任何问题，这充分证明了我们在盛康的经营过程当中是完全依法治企的。不但盛康如此，我们的每个子公司，尤其是集团总部，都是经得起反复调查的。依《公司法》，对于3月20日盛康董事会决议的不合法性，我们本来不需要去法院打官司就可以自己解决问题，因为中证万融对盛康控股70%，而且永远不卖，是绝对控股大股东，可以随时召开股东大会，选举董事会，然后再开董事会做出新的决议，把前一次非法董事会的决议否了就可以解决问题，这也是《公司法》“自救”原则的具体体现。到法院打官司对我们没有任何实质意义，我们完全可以不用“公救”。之所以申请

“公救”，就是要履行社会责任、伸张正义，让更多人更多企业都知道辞职董事开董事会是非法的。如果辞职董事参加董事会签字做决议都合法的话，那许多公司就乱了，市场经济就乱了，社会秩序就乱了！我们在7月21日已经召开了盛康股东大会，选出了新一届董事会，8月1日又召开了董事会并做出决议，8月22日又开股东大会对盛康章程进行了修改，修改公司章程只要2/3以上多数股权同意就合法有效。如果小股东认为不合法，可以在2个月内到法院申请撤销，即9月22日前，但是他们没有这样做，因为做了也赢不了。其实，小股东也只能“公救”，即找法院，而无能力“自救”，即开股东大会表决。盛康小股东只有30%，没有1/2多数，更没有2/3多数。依《公司法》，拥有10%的股东可以提议召开股东大会，但因为小股东股权远不到1/2，开会也永远是少数服从多数。即使我们拥有超过2/3多数的绝对控股权，我们也一定会依法治企，绝不会像小股东一样非法操作。盛康的回归也要一切依法进行，慢点没关系，但是绝不用非法手段解决。也许非法手段会快一些，但不可持续，而且会为盛康未来发展留下法律上的隐患。

西安中院关于3月20日盛康非法董事会决议不支持

撤销的一审判决，我们坚决不服，已经向陕西省高院完成了上诉。辞职董事开董事会，还参与了表决，甚至在决议上签字，这样法律上的致命“硬伤”是谁也绕不过去的。如果连这样有充分证据证明的非法董事会都不被撤销，那还有什么非法董事会能被撤销呢？虽然法院的判决结果对我们恢复对盛康的控制权没有什么实质影响，但是这样的判决对社会的负面影响、示范效应是巨大的。正如习主席在《中共中央关于全面推进依法治国若干重大问题的决定》的说明中引用英国哲学家培根的一段话，他说：“一次不公正的审判，其恶果甚至超过十次犯罪。因为犯罪虽是无视法律——好比污染了水流，而不公正的审判则毁坏法律——好比污染了水源。”全会决定指出，如果司法这道防线缺乏公信力，社会公正就会受到普遍质疑，社会和谐稳定就难以保障。因此，公正是法治的生命线；司法公正对社会公正具有重要引领作用，司法不公对社会公正具有致命破坏作用。所以，我们一定要积极承担贯彻落实全会决定的作为企业的那一份社会责任，把盛康的官司打到底，通过媒体和各种渠道，让全社会都知道事实真相。中院官司打完了，还要到省高院、乃至最高院，我们会一直打下去，并向社会公开透明全过程。不仅仅是为了赢，更是为了把伸张正义做到底，让社会方方面面都得到司法不公现实案例的普及和教育，能使别的人和别的企业从我们被不公正对待的经历中得到知识和经验，为全面推进依法治国、司法公正做一点实实在在的事，履行我们作为国家一份子、社会之公器的社会责任。

综上所述，贯彻落实《有效动作论》其实就是以德治企，把理念变成动作、动作变成业绩，然后总结出高效动作变成制度。执行到底我们的各项制度其实就是依法治企。我们的依法治企、以德治企从盛康事件考验和检验的结果来看，过去这么多年还是执行得不错。同时，我们对于自身在依法治企中存在的任何漏洞和瑕疵都要高度重视、主动认错、及时改进、以防后患。总而言之，只要我们继续坚持长期、一贯、一致地依法治企，就一定能继续确保包括盛康在内的我们的每个公司获得更大的可持续性的发展。

2014 年 11 月 7 日

论并购三大纪律

2010 年 5 月　美国内布拉斯加州奥马哈市　巴菲特办公室

军队在战场上能多打胜仗，靠的是长期、一贯、一致地遵守纪律，所以天天唱《三大纪律八项注意》并切实做到非常重要。商场如战场，并购（M&A）是商场中最复杂的一种交易，从全球并购市场统计数据看，并购完成五年后还能证明成功的概率不到30%。在1997年1月出版的《资本运营论》中我提出了企业在商场上的两种竞争战略，一种是内部管理型战略，另一种是外部交易型战略，也叫资本运营战略。并购是资本运营的核心，比重组上市对企业做强做大还要重要，也更为复杂。因为重组上市并没有改变企业控股权，而并购改变了被并购企业的控股权，风险和挑战也更大。从1997年至今已过了18年，又做了几十起并购，有经验也有教训，总结了一些规律并依此制定了中证万融并购三大纪律。规律是久经考验并行之有效的做法，纪律是规律中强制执行的那一部分。只要我们长期、一贯、一致地遵守并购纪律，就能大大提高并购成功率。

一、 依战略做并购

战略是一种选择，是关于全局和长期要做什么、不要做什么的一种选择。并购是指购买企业大部分或者100%股权的一种交易行为，包括兼并和收购。兼并指购买 100% 股权并取消被购买企业独立法人地位；收购指购买大部分或 100% 股权，但保留被购买企业独立法人地位。在并购中又分财务并购和战略并购：财务并购是指为了卖而买的一种并购行为，例如，并购私募基金就是典型的财务并购者；战略并购是指为了经营而买的一种并购行为，例如，中证万融的核心战略是收购拥有独家品种的中药企业，目前已收购 30 个，到 2020 年要收购 100 个，到 2030 年要收购 200 个，是典型的战略并购者。中证万融的核心战略决定了我们只选择拥有独家品种的企业，使我们大大缩小了选择范围。因为专注聚焦，让我们在并购时更有远见和能力，这是术业有专攻的好处。其实比收购更难的是收购以后怎么经营成功。如果不依战略进行收购，收购的不同类企业越多，成功率会越低。如果我们依战略收购的是一个专业领域里面具有共同规律的一类企业，例如均拥有独家品种，那么我们收购的越多，相互之间资源共享、协同增效的空间就越大，成功率会越高。世纪盛康仅仅是中证万融资源共享、协同增效战略并购的成功案例之一。我们从 2009 年到 2011 年不到三年收购的六家中药独家品种企业，业绩都获得了强劲增长，六家企业合计销售收入已从收购之前的1.9亿元，至今达到20亿元，增长超905%。

二、 依法律做并购

小智管事，中智管人，大智管法。十八届四中全会依法治国是大智。法对应国家管理叫法律，对应企业管理叫制度。德是法的精神、源泉和灵魂。对应到企业，德就是企业理念，企业理念是企业制度的精神、源泉和灵魂。中证万融的德是《有效动作论》，中证万融的法就是根据《有效动作论》所衍生的制度。我们在做并购的时候一定要依法（包括国家、企业的德和法）谈判、签合同，并把合同内容依法纳入公司章程，不搞任何猫腻、不做任何违法交易，这是并购中的大智。并购完成以后，还要依法把企业发展和规范好。假如我们为一时方便不严格依法并购，也许暂时会省却很多麻烦，但是早晚会带来更大麻烦。例如，我们遭到世纪盛康小股东的挪用资金的诬告，如果我们并购中真有一点不合法的地方，就不会被调查近两年，还没有查出任何问题。只要我们依法并购，不论诬告的人怎么瞎折腾，这些人都是搬起石头砸自己的脚，不但不会成功，还会受到法律的严惩。总之，只有依法并购才能确保我们在各种挑战面前永远立于不败之地。

三、 依人品做并购

如果战略制定正确，并购目标又符合战略，并购顺利完成且签订的合同和之后对企业的经营都合法，是否就意味着并购大功告成了呢？其实也不是。《有效动作论》第一篇就是“先人后事”，说起来容易，但是做起来是很难的。股东和管理人员的选择对并购的最终成败影响重大，选择人的水平是中智，比小智管具体事更重要。如果人选得好，是有信誉记录的人，那并购就成功了；如果人选得不好，是劣迹斑斑的人，那我们将企业经营得越好，可能危险就越大。例如，世纪盛康两个原股东、小股东，一个骗银行数亿元贷款十年不还。另一个是陕西省高院的前法官，因为受贿被判了 3 年，现在还是陕西省纪委网站上受贿的典型案例。拥有如此记录的两位小股东看企业经营非常好了，就开始找各种借口，不惜用任何非法手段要把企业抢走，不仅找来 2011 年就已经辞职的董事开非法董事会，连白纸黑字的并购合同都不承认，当时签的合同里面明确规定 7 名董事由中证万融委派5名，董事长由中证万融派人员担任，却狡辩公司章程里面没写，真是胡搅蛮缠。所以选择和谁合作，尤其选择好的小股东和管理人员比管事更重要。

从两本书作者的角度而言，《资本运营论》提出了企业竞争的两种战略，研究的主要是外部交易型战略，探索的是资本运营，尤其是并购的规律和纪律。《有效动作论》研究的主要是内部管理型战略，探索的是企业经营管理的规律和纪律。两种战略相辅相成、相得益彰、缺一不可。只有两者巧妙结合、超凡运用，才能创造可持续卓越业绩。但从并购实际操作的角度而言，必须把复杂的理论问题简单化，才有利于并购成功。所以，特提出中证万融并购三大纪律。首先，要制定正确的战略及其在并购当中严格按照战略去选择目标企业。能否让在同一战略下并购的企业资源共享、协同增效是并购后经营成功的关键。其次，在依战略并购前提下要确保依法并购，包括依法去签并购合同和依法经营并购后的企业。最后，不和劣迹斑斑的人合作，即使他们说得天花乱坠也不要搭理他们。正如巴菲特所说：“你不可能和一个坏人做成一笔好的买卖”。三大纪律环环相扣，并购时个个要牢记，即使前两条做好了，第三条做不好也会付出很大代价。但是前两条做好了是根本，只要不和劣迹斑斑的人一起做事就一定能取得巨大成功。

2014 年 12 月 18 日

中证万融等着你

原词：余炳武
作曲：张千一
改编：赵炳贤

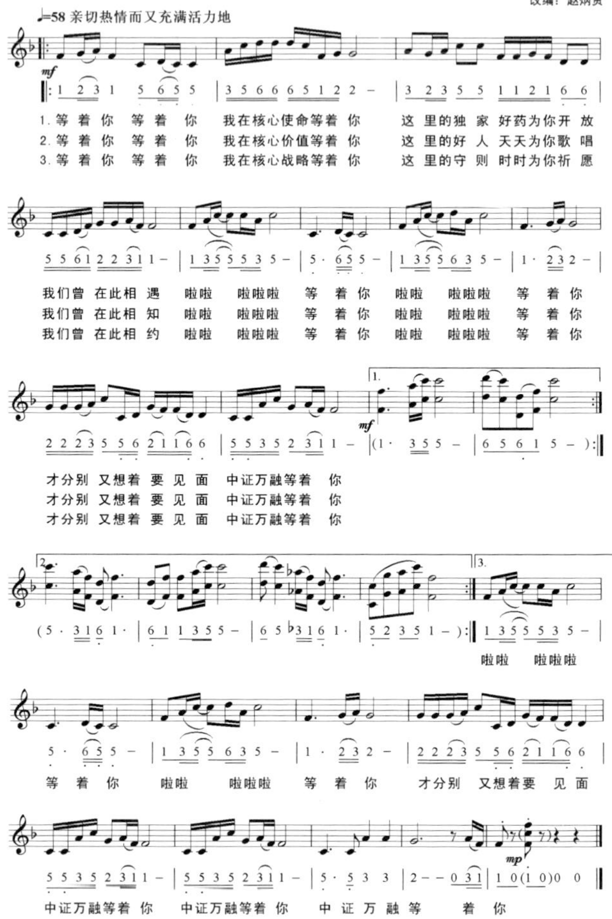

2011 年 12 月 31 日